위기관리총서 시리즈

04

범죄피해의 이해와 개입

현장에서의 위기개입워크북

육성필
박지란

박영story

일러두기

본 위기개입워크북과 매뉴얼에 제시되는 사례는 효과적인 교육과 훈련을 위해 집필진이 구성한 가상 사례이다. 현장에서의 실제 위기개입의 예를 보여주는 위기개입동영상은 출연진으로부터 저작과 영상물 이용에 대한 동의를 받아 제작하였다.

서 문

나는 병원에서 수련받은 임상심리학자로서 정신건강서비스 제공자의 역할을 시작했지만 자살을 포함한 다양한 유형의 위기를 접하게 되면서 위기관리에 관심을 갖고 위기와 관련된 다양한 교육, 연구, 프로그램 및 정책개발 등의 노력을 하게 되었다. 그동안 개별적으로 위기에 대한 학문적 관심에 따라 위기에 대한 연구를 하는 경우가 있었지만 개인의 관심에 따라 단편적 일회적인 경우가 많았다. 이로 인해 위기관리를 체계적이고 종합적으로 접근하는 데는 많은 한계가 있었다. 위기의 심각성과 위기관리의 필요성을 절감하고 이러한 한계를 극복하기 위해 대학교에 전공으로 위기관리를 개설하였다. 위기관리전문가를 양성하고 있는 곳은 우리 학교가 세계최초이다. 위기관리전공 교수로서 많은 연구를 하고 전문가양성을 하면서 얻은 교훈 중의 하나는 개인이든 집단이든 평상시 자신의 역량이나 대처범위를 넘어서는 어려움에 노출되면 위기에 처하게 된다는 것이다. 대부분의 사람들은 자신이나 자기 주변에는 위기가 없을 것이라 믿는다. 하지만 위기는 우리들의 의지나 선택 밖의 일이다. 위기관리를 전공하는 나에게는 매일매일이 위기사건으로 넘쳐난다. 이런 나에게 어느 날 일면식도 없는 소방관이 "자살하려는 사람을 포함해서 위기사건이 발생하면 출동하게 되는데 어느 날인가부터 '단순히 현장에 출동해서 구급차에 위기에 처한 사람을 싣고 병원에 데려다 주는 것이 자신이 해야 되는 역할의 다인가? 아니면 위기출동현장에서 자신이 더 해야 되는 일이 있는 것은 아닌가?'"라고 물어왔다. 특히, 현장에 가장 먼저 출동하게 되는 자신이 위기에 처한 사람에게 현장에서 혹은 이송과정에서 무엇을 어떻게 해야 되는지에 대한 지침이 있다면 많은 도움이 될 것 같다는 하소연을 했다. 이 말을 들은 것이 이번에 출판하는 위기관리총서인 “현장에서의 위기개입매뉴얼과 워크북”을 만들겠다는 생각을 하게 한 계기였다. 이전에는 위기개입을 해야 하는 현장의 위기개입자들이 당연히 자신의 역할을 수행하고 있다는 생각만 했지 위기에 처한 사람을 위한 보다 낫고 훨씬 전문적인 서비스를 제공하려는 욕구가 있다는 것을 알지 못했던 것이다. 또한 이들을 위한 전문적 지지나 훈련이 있어야 한다는 생각을 하지 않았다.

위기개입자 혹은 정신건강서비스제공자는 도움이 필요한 곳에 가장 먼저 출동하여 적절한 서비스를 제공해야 한다. 위기개입자는 현장에서 위기에 처한 사람들의 욕구와 문제의 심각성을 가장 빠르고 정확하게 파악하여 위기에 처한 사람들의 안전과 행복을 최우선으로 확보해야 한다. 실제 위기개입자들이 위기현장에 출동하거나 도움을 요청받았을 때 무엇을 어떻게 해야 하는지 판단이 되지 않아 당황하는 경우가 종종 있다. 또한, 실제 경력이 많고 현장의 베테랑이어서 별 어려움 없이 위기현장에 대한 통제권을 확보하고 위기개입활동을 하고는 있지만 자신들의 위기개입활동이 제대로 된 것인지, 전문적인 것인지에 대한 확신이 없어 힘들어하기도 한다. 하지만 위기현장에서 활동하는 위기개입자가 자신들이 제공하는 서비스에 대한 자신이 없어 하거나 불안해 하면 위기에 처한 사람에게 미치는 부정적인 영향을 엄청나게 크고 생명을 잃게 할 수도 있다. 그러므로 위기개입자들에게는 위기현장에 출동하여 위기에 처한 사람들의 욕구를 빠르게 확인하고 당장의 위기를 해소시킬 수 있는 능력이 요구된다. 이처럼 힘들고 급박한 위기개입현장의 특성을 고려하여 경찰관이나 소방관들에게 정신건강과 도움을 청한 사람들과의 관계형성이나 대화 등에 대한 교육과 훈련을 시킨 후 업무수행을 평가했더니 위기개입을 하는 당사자들의 업무수행에 대한 자신감과 유능감이 증가한 것은 물론 위기개입서비스를 받은 시민, 특히 위기에 처한 사람들의 회복이나 안정감이 훨씬 좋아졌다는 선행연구들이 많다. 이러한 현실과 연구결과를 고려하여 이제는 위기개입자가 현장에서의 위기개입을 보다 전문적이고 체계적으로 할 수 있도록 관심을 갖고 도와주는 것이 필요하다. 지금도 위기현장에서 위기개입서비스를 하고 있는 위기개입자들이 위기개입에 대한 자신감과 자긍심을 갖도록 하는 노력이 요구된다.

저자가 많은 문헌연구, 외국 및 국내의 현장방문, 현장의 실무자와의 만남을 계속하면서 위기현장에 출동한 인력이 가장 초기에 적절한 서비스를 위기에 처한 사람이나 조직에 제공한다면 위기가 더 이상 악화되지 않고 위기가 해소되는 것은 물론 위기를 경험한 사람들이 건강한 일상생활을 영위할 수 있도록 도와줄 수 있을 것이라는 확신을 하게 되었다. 이러한 확신을 바탕으로 현장의 위기개입자들의 위기개입에 대한 전문성과 현장에서의 대응능력을 높이는 데 도움이 될 수 있는 "현장에서의 위기개입매뉴얼과 워크북"을 만들었다.

저자와 동료들이 "현장에서의 위기개입매뉴얼과 워크북"을 만들기 위한 집필위원회를 만들고 작업을 시작했지만 위기의 유형과 현장이 너무 다양하고 각각의 상황에서 필요한 위기개입서비스의 내용과 종류도 많아서 주제를 설정하고 포함되어야 하는 내용을 결정하는 작업자체도 집필진에게는 위기였다. 그중에서도 위기관리의 업무영역과 업무의 한계를 정하는 것이 가장 힘든 일이었다. 일반적으로 정신건강서비스제공 관련전문가들은 위기에 처한 사람들에게 치료나 상담을 제공하는 것을 주요 역할이라고 생각한다. 하지만 실제 위기관리에서는 관리라는 말자체가 의미하듯이 위기에 처한 사람의 위험성과 상태를 빨리 평가하고 확인하여 위기에 처한 사람들에게 가장 필요한 서비스가 제공되도록 도와주는 역할이 가장 중요하다. 다시 말하면 위기관리는 위기개입시 위기에 처한 사람이나 조직의 욕구와 위험성을 가장 먼저 평가하여 위기에 처한 사람들의 물리적 안전을 확보하는 것을 가장 최우선으로 한다. 이러한 위기관리에 의해 일단 위기상황이 안정화된 후 보다 추가적이고 전문적인 서비스가 필요하다면 그때서야 일반적으로 말하는 치료나 상담이 이루어지게 된다. 따라서 위기현장에서 위기개입자에게는 전문적인 상담자의 역할이 아닌 심리적 응급처치자(psychological first aid)로서의 역할이 요구된다. 이와 같은 일반적인 심리서비스와 위기관리의 위기개입서비스의 차이를 반영하여 "현장에서의 위기개입매뉴얼과 워크북"에서는 위기개입자의 의뢰에 의해 전문가에 의한 본격적인 서비스가 제공되기 전까지의 활동을 위기개입자의 역할로 한정하였다. 물론 위기개입자가 전문적인 심리 상담이나 치료까지 할 수 있으면 더욱 이상적일 수 있다. 다시 강조하지만 위기개입현장에서는 본격적인 상담이나 치료를 시작하지 말고 위기에 처한 사람의 현재 상태를 즉각적이고 정확하게 평가하고 필요한 서비스를 확인하는 작업이 우선되어야 한다.

"현장에서의 위기개입매뉴얼과 워크북"은 3번의 워크숍에서 얻은 참가자와 진행자들의 경험과 충고를 충분히 반영하고 집필위원회의 의견을 종합하여 수정 보완한 내용들로 구성하였다. 수차례의 회의와 고민을 통해 최종적으로 "현장에서의 위기개입매뉴얼과 워크북"은 윤리와 가이드라인, 스트레스, 위기, 자살, 범죄피해, 성폭력과 가정폭력, 재난, 애도, 심리소진 등의 영역으로 구분하였다. 주제와 영역을 나누는 과정에서 가정폭력과 성폭력도 범죄에 해당되어 초기에는 범죄 영역에서 다루려 했지만 가정폭력과 성폭력은 실제 임상장면에서 자주 접하고 점점 증가하고 있어 독립하여 구성하였다. "현장에서의 위기개입매뉴얼과 워크북"은 일반시민들을 위한 책이 아니고 위기현장에서 구호활동이나 위기개입 서비스를 제공하는 경찰관, 소방관, 정신건강관련업무종사자(심리, 사회복지, 간호, 의학, 법률 및 행정 등의 정신건강관련 업무를 수행하는 분)들이 현장에서 직면에게 되는 위기의 내용과 특성에 가장 적합한 면담, 평가, 개입과 의뢰를 가장 효율적으로 수행할 수 있도록 교육하고 훈련시키는 내용으로 구성되어 있다. 이러한 의도를 반영하여 구성한 매뉴얼과 워크북을 적절히 사용하여 교육과 훈련을 받는다면 위기개입자로서 다양한 사건과 현장을 접했을 때 위기에 처한 사람에게 가장 적절하고 효과적인 서비스를 제공했으면 한다. 동시에 이를 통해 위기개입자의 전문성과 능력에 대한 자신감을 갖고 위기개입자들의 정신건강증진에도 도움이 되었으면 한다. 추가로 매뉴얼과 워크북에 제시되는 모든 사례는 교육과 훈련을 위해 구성되었다.

이번의 “현장에서의 위기개입매뉴얼과 워크북” 출판은 우리나라에서는 처음으로 기획하고 추진한 방대한 작업이어서 많은 부담을 느끼고 더 세밀하고 꼼꼼하게 정성을 기울여 자료수집단계부터 교정과 수정과정을 진행하였다. 나름대로 최선을 다하고 도움이 될 수 있도록 노력했지만 부족한 부분도 있을 것이고 오류가 있을 수도 있을 것이다. 이와 관련된 것은 전적으로 책임저자인 나의 몫이다. 사람과 함께 하는 일을 한지 벌써 30년 이상의 시간이 흘렀고 시간이 흐르는 동안 학부생으로서의 나와 지금의 나와는 엄청나게 많이 달라졌다. 하지만 점점 강해져가고 분명해지는 것은 나와 함께 같은 곳을 보고 있는 사람들이 있고 함께 하는 이들의 수고와 노력이 나에게는 가장 큰 자산이고 자원이라는 것이다. 매일매일이 모여서 우리의 삶을 이루지만 우리는 많은 사람들의 도움과 지지를 받고 힘을 얻어 우리는 또 다른 하루를 시작한다. 하지만 우리는 하루를 살아내는 우리와 주변 사람들의 수고와 지지가 있음을 잊고 산다. 힘들고 어려운 일은 어느 날 불현 듯 우리에게 다가온다. 그래서 우리에게는 오늘의 삶, 지금의 삶이 소중하다. 이러한 생각에 기초해서 나는 오늘의 내가 있도록 함께 해준 많은 사람들에 대한 고마움을 지금 전달한다.

“현장에서의 위기개입매뉴얼과 워크북”을 출판하는 과정에서 치열한 고민과 토론을 하면서 같이 고민해 준 워크숍 참가자, 현장의 실무자, 졸업생, 학생들이 있었다. 만약 이들의 헌신과 희생이 없었다면 “현장에서의 위기개입매뉴얼과 워크북”을 출판하는 것은 불가능했을 것이다. 힘들고 어려운 작업임에도 불구하고 위기에 처한 사람들은 물론 위기개입자들에게 조금이라고 도움이 되었으면 하는 마음에 의기투합하고 함께 한 많은 분들에게 진심으로 감사하고 고마움을 전한다.

아직은 사회적으로 큰 전공이 아니어도 위기관리에 관심을 갖고 위기에 처한 사람들을 위해 연구와 실천을 하고 있는 위기관리전공생 여러분들이 있어 행복하고 또 다른 도전을 시작할 수 있는 용기를 주어서 고맙다. 그리고 위기관리에 관심을 갖고 계신 많은 분들께도 고마움을 전달하고 많은 교육, 훈련과 강의 현장에서 나와 만났던 수많은 분들께도 감사드린다.

현장에서의 위기개입매뉴얼 8권, 워크북 8권 총 16권의 위기개입총서의 출판을 기꺼이 허락해주고 지원해주신 박영사의 안종만 대표께 감사드린다. 특히 출판을 전체적으로 조율하고 계속 소통하며 보다 좋은 책이 될 수 있도록 도와주신 노현 이사님과 초고, 재고, 삼고의 어려운 작업과 까다로운 집필진의 요구를 최대로 반영해주시고 바쁜 와중에도 꼼꼼하게 검토해주시고 확인해주신 강민정 선생님께는 더욱 더 깊은 감사의 마음을 전한다. 다시 한번 지금도 위기관리에 관심을 갖고 사람에 대한 진실한 사랑과 믿음으로 묵묵히 연구하고 현장에서 헌신하고 있는 졸업생들과 재학생들이 있어 우리는 외롭지 않을 것이고 우리들이 있어 세상은 더 행복해질 것이라 믿는다.

특별히 지금도 아무도 가지 않은 외롭고 낯선 길을 용기 있게 개척할 수 있도록 전적으로 믿어주고 함께 하며 나를 최고로 알고 지원해준 나의 가족인 이혜선 박사와 두 아들에게는 사랑의 마음과 진심으로 미안하고 고마운 마음을 전한다.

2019년 2월

책임저자 육성필

차 례

위기관리총서 시리즈 4

현장에서의 위기개입워크북

범죄피해의 이해와 개입

I 피해자 이해

1. 피해 관련 용어

1) **피해자**(Victim)

피해자는 외부의 공격에 의해 신체적·정신적·경제적·사회적 피해를 입은 사람을 말하며 외부의 공격, 즉 피해를 발생시킨 원인에 따라 피해자의 유형을 분류하기도 한다. 범죄, 질병, 사고 등의 피해자, 속임수를 당한 피해자도 있을 수 있다. 피해자(victim)라는 용어는 1490~1500년 사이에 종교적 희생물을 라틴어 'victima'로 부른 데서 유래한다.

2) **피해자학**(Victimology)

1940년 Benjamin Mendelsohn이 피해자학이라는 용어를 처음 사용한 이래 사용하기 시작하였다. 1948년 Hans von Hentig이 예일대학교 출판부에서 범죄 피해자에 대한 최초의 체계적 연구서로 꼽히는 『Criminal and His Victim: 범죄와 범죄의 피해자』라는 책을 출간한 데서 피해자학이 시작되었다고 할 수 있다. 학문으로서의 피해자학은 이름과 달리 재난이나 사고 등의 피해자에 관한 것이 아니라 주로 범죄로 인한 피해와 피해자를 연구대상으로 하며, 범죄피해를 방지하고 피해자를 보다 효과적으로 보호, 지원하기 위한 방안을 강구하는 데 그 목표를 두고 있는(김용세, 2012) 범죄피해자학을 말하기도 한다.

2. 피해의 종류

인간이 피해를 입은 사건의 형태, 원인에 따라 재난이나 피해를 여러 가지로 구분하지만, 자연 현상이 원인인지, 사람의 잘못으로 인해 발생한 것인지에 따라 구분하기도 하고, 사회전체에 영향을 미치는 경우 사회재난이라는 이름을 써서 구분하기도 한다. 본 워크북에서는 대규모 재난이 아니더라도 일상생활에서 발생하여 피해를 입은 사람에게 영향을 주는 충격적인 사건들을 분류 안에 넣어서 다루기로 한다. 피해라고 하면 재난, 산업재해, 감염병(전염병), 학교폭력, 범죄피해, 각종 사건, 사고 등도 말할 수 있지만 재난, 산업재해, 감염병(전염병), 학교폭력 등에 대해서는 본 장에서 다루지 않고 다른 부분에서 다룰 것이다.

1) **개인에게 발생한 횟수에 따른 구분**(Allen, 2005)

① **일회성 외상**: 한 번의 충격적 사건으로 인해 입게 되는 커다란 심리적 상처

- 자연재해(natural disaster): 지진, 해일, 산사태, 화산폭발 등
- 기술적 재해(technical disaster): 댐이나 건물 붕괴, 비행기 추락, 화학물질 유출, 원자로 파괴 등과 같은 기술적인 잘못이 관여한 재해로서 책임소재를 가리는 일이 중요해진다.
- 폭력적 범죄(violent crime): 살인, 폭행, 강간, 강도, 유괴, 납치 등
- 관계 상실(relational loss): 사랑하는 사람을 잃는 것 등

② **반복적 외상**: 반복적으로 주어진 충격으로 인한 심리적 상처

- 아동학대나 성폭행처럼 가까운 주변 사람에 의해 상습적으로 가해진 신체적, 정서적, 성적 학대 등
- 전쟁터, 강제수용소, 감옥 등에서 장기간에 걸쳐 다양한 공포스러운 사건을 경험하는 경우

2) 대인관계 관여도에 따른 구분

대인관계 요소가 관여되는 정도에 따라서 외상으로 인한 어려움의 성격과 결과가 크게 달라질 수도 있다. 누가, 어떤 의도로, 어떤 피해를 주었느냐에 따라 피해자의 심리적 충격은 크게 달라질 수 있기 때문이다.

① **비대인관계적 외상**(impersonal trauma): 인간이 개입되지 않은, 자연의 작용에 의해 우발적으로 발생한 자연재해

② **대인관계적 외상**(interpersonal trauma): 타인의 고의적 행동에 의해 입은 상처와 피해. 전쟁, 테러, 살인, 폭력, 강간, 고문 등

③ **애착 외상**(attachment trauma): 부모나 양육자와 같이 정서적으로 매우 긴밀하고 의존도가 높은 관계에서 입은 심리적 상처로 크게 학대와 방임으로 구분될 수 있으며, 세부적으로는 가정폭력, 정서적 학대나 방임, 성폭행과 성적 학대로 구분할 수 있다.

3. 피해자의 반응

피해를 야기한 원인이 무엇이든 피해는 노출된 사람들에게 스트레스를 야기하고, 스트레스 사건은 피해자나 생존자들에게 신체·개인 심리·세상과 상호작용하는 방식에 영향을 준다. 심리적 외상은 생체항상성을 붕괴시키고 수많은 영역의 기능에 장·단기적으로 영향을 준다. 사회적 지지와 네트워크의 존재 여부, 필요한 자원의 활용 능력, 공병의 발달, 의미부여와 조직화를 포함하는 심리·사회적 기능의 강화나 약화에 많은 복합적인 요인들이 영향

을 미친다.

4. 피해자의 심리적 증상과 반응

1) 급성 스트레스 장애(Acute Stress Disorder: ASD)

외상사건을 직접 경험했거나 목격하고 난 후에 나타나는 부적응 증상들이 3일 이상 1개월 이내의 단기간 동안 지속되는 경우를 말한다.

(1) 침투증상

사건에 대한 반복적 기억, 고통스러운 꿈, 플래시백과 같은 해리 반응, 외상 사건과 관련된 단서에 대한 강렬한 반응

(2) 부정적 기분

긍정적 기분을 잘 느끼지 못함

(3) 해리 증상

자신의 주변 세계나 자신에 대한 변형된 인식, 외상 사건의 중요한 측면에 대한 기억 불능

(4) 회피 증상

외상과 관련된 기억이나 감정에 대한 회피, 외상과 관련된 단서들에 대한 회피

(5) 각성 증상

수면장애, 짜증이나 분노 폭발, 과잉경계, 집중곤란, 과장된 놀람 반응

2) 외상 후 스트레스 장애(Posttraumatic Stress Disorder: PTSD)

전쟁으로 인한 외상 후 스트레스 장애집단에서는 우울, 불안, 부정적 사고, 결핍된 자신감, 의심, 대인관계 회피가 두드러지고 사고로 인한 외상 후 스트레스 장애 환자집단에서는 신체증상과 연관된 불안을 보다 강하게 지각한다(Lee, Kim, & Aan, 2004).

특히 범죄피해자의 약 40~70%가 사건 후에 PTSD와 그 밖의 진단기준에 부합하기에 충분한 정도의 정신적 고통을 경험한다. 강간 피해자의 49%, 폭행 피해자의 39%, 성추행 피해자의 24%, 총격이나 자상 피해자의 15%, 살인이나 폭행을 목격한 사람의 7%에서 PTSD가 진단되었으며 PTSD로 진단된 범죄피해자의 36.6%는 우울장애를 동시에 앓고 있다는 보고도 있다(김희균, 2016).

PTSD는 치료를 하지 않을 경우 30%는 자연회복, 40%는 가벼운 증상을, 20%가 중등도, 10%가 증상을 그대로 가지고 있거나 악화되며(Kim, 2005), 1년이 경과하면 약 50%의 환자는 회복된다(최남희, 변주훈, 한동일, 임숙빈, 2007). PTSD 환자는 기억 기능을 포함한 인지적 기능에서 장애를 보이고 불안이나 우울, 해리 증상을 나타내기도 하여 자신에게 장애를 발생시키게 된 외상의 중요한 부분을 기억하지 못하는 경우가 많다. 즉, 피해자는 손상된 기억에 의존하여 피해에 대한 진술을 할 가능성이 높으며, 피해자 진술 과정에서 강한 정서적 촉발이 추가적으로 발생하는 경우 증상은 악화될 수도 있다. 그러므로 피해자의 변화된 인지 상태의 특성을 고려한 섬세한 접근이 이루어지지 못하는 경우 피해 관련 기억의 왜곡도 발생할 수 있다.

PTSD에 대한 치료에서는 외상의 기억을 떠오르지 못하게 하는 것이 아니라, 큰 불안 없이 외상의 기억과 마주할 수 있도록 하는 것을 목적으로 한다. 따라서 피해자에게는 자신에게 발생한 피해를 몇 번이라도 이야기할 수 있는 장소, 모든 감정을 그대로 인식하고 지원해 줄 수 있는 신뢰할 만한 사람, 필요에 따라 전문가가 개입되는 그런 환경이 필요하다.

PTSD 증상들(DSM-V)

침투증상	• 외상 사건에 대한 고통스러운 기억의 반복적이고 침투적인 경험 • 외상 사건과 관련된 고통스러운 꿈의 반복적인 경험 • 외상 사건이 실제로 일어난 것처럼 느끼고 행동하는 해리반응(예: 플래시백) • 외상 사건과 유사하거나 그러한 사건을 상징하는 내적 또는 외적 단서에 노출될 때마다 강렬한 심리적 고통을 경험 • 외상 사건을 상징하거나 그와 유사한 내적 또는 외적 단서에 대한 심각한 생리적 반응
자극 회피	• 외상 사건과 밀접히 관련된 고통스러운 기억, 생각, 감정을 회피하거나 회피하려는 노력 • 외상 사건과 밀접히 관련된 고통스러운 기억, 생각, 감정을 유발하는 외적인 단서들(사람, 장소, 대화, 활동, 대상, 상황)을 회피하거나 회피하려는 노력
인지와 감정의 부정적 변화	• 외상 사건의 중요한 측면을 기억하지 못함 • 자신, 타인, 세상에 대한 과장된 부정적 신념이나 기대를 지속적으로 지님 • 외상사건의 원인이나 결과에 대한 왜곡된 인지를 지니며, 이러한 인지로 인해 자신이나 타인을 책망 • 부정적인 정서 상태(예: 공포, 분노, 죄책감이나 수치심)를 지속적으로 나타냄 • 중요한 활동에 대한 관심이나 참여가 현저하게 감소됨 • 다른 사람에 대해서 거리감이나 소외감을 느낌 • 긍정 정서(예: 행복감, 만족, 사랑의 감정)를 지속적으로 느끼지 못함
각성과 반응성의 현저한 변화	• (자극이 없는 상태이거나 사소한 자극에도)짜증스러운 행동이나 분노 폭발 • 무모하거나 자기 파괴적인 행동 • 과도한 경계 • 과도한 놀람 반응 • 집중의 곤란 • 수면장애

*** 아동 특유의 PTSD 증상**

▪ 반복적 놀이

▪ 자기비난

▪ 단축된 미래: 아동들은 자신이 '결코 성장하지 않을 것이다'라는 믿음을 가져 학교를 가거나 새로운 친구를 만드는 것과 같은 미래를 위한

준비 시간이 거의 없다는 믿음을 드러낸다.

- 퇴행
- 비전형적인 인지적 어려움: 심인성 기억상실증
- 신체화: 두통, 심박증가, 어지럼증, 복통, 천식, 눈이 안 보임, 구토 증상 등

3) 복합외상 증후군(문성원, 2010)

반복적으로 행해지는 대인 폭력(interpersonal violence)의 성격을 띤 외상사건, 장시간에 걸쳐 반복적이고 점진적으로 발생하는 외상사건의 경우는 PTSD 증상과는 또 다른 확산적이고 더욱 복잡한 증상이 공통적으로 나타나는데, 이를 복합외상 증후군이라 한다. 아동학대피해자, 오랜 시간 동안 반복적으로 대인 폭력을 겪은 학교폭력피해자에게 나타날 수 있고, 이러한 외상을 경험할 당시의 연령이 낮을수록(11세~14세 이하) 이후 증상들이 확산적이고 복잡한 반면, 연령이 증가할수록 현재 DSM의 진단 기준에 가까워진다. 이들은 공통적으로 정서와 충동조절의 어려움, 해리성 증상, 신체화 증상, 그 외 성격적 병리 등을 보인다.

(1) 복합외상 증후군의 증상

① 정서적 충동 조절의 변화

지속적인 침울, 분노와 자기 파괴적 행위 조절의 어려움, 감정조절의 어려움, 중독, 자해행동 등

② 주의력과 의식의 변화

기억력 상실, 해리, 이인화, 재경험 등

③ 자기인식의 변화

무력감 또는 주도성의 마비, 만성적 죄책감과 수치심, 자기비난, 오명과 낙인의 느낌

④ 가해자에 대한 인식의 변화

가해자에 대해 왜곡된 믿음을 갖거나 이상화, 가해자와의 관계에 몰

두, 가해자의 신념체계에 대한 수용 또는 합리화를 포함

⑤ 타인과의 관계 변화

고립과 회피, 친밀한 관계의 장애, 타인을 신뢰하지 못함

⑥ 신체화 증상

해부생리학적으로 아무 연관이 없는 다양한 신체 기관의 복합적인 증상

⑦ 의미 체계의 변화

신념의 상실, 무망감과 절망감을 포함

치료적 영역으로는 분노조절과 충동성 조절, 죄책감과 수치심 해소, 가해자에 대한 올바른 인식, 대인 간 신뢰감과 친밀감의 회복, 자존감 향상과 내적 역량강화 등이 포함된다(송성자 외, 2014).

1) 두려움, 분노
2) 우울, 낮은 자존감, 수치심
3) 무력감, 상실감, 좌절감
4) 적응장애
5) 대인관계의 어려움
6) 성기능 문제
7) 불면
8) 인지적 곤란

5. 위기개입자의 역할

피해자들에 대한 초기 위기개입자들의 대응방식과 그 질이 피해자의 미래에 대한 지각, 형사사법기관 및 의료기관과의 상호작용, 정신건강 체계에까지 폭넓은 영향력을 행사함으로써 삶을 달라지게 했다(Miller, 2006). 이와

같이 피해에 노출된 피해자들에게 있어 위기개입자의 역할은 매우 중요하다.

1) 정서적 안정 제공하기

외상을 경험한 사람들은 자기(self)의 영역에서 자기체계의 손상(장진이, 안현의, 2011), 인지－기억체계의 손상(안현의, 한민희, 주혜선, 2013), 부정적 정서의 유발로 인한 적응의 어려움(송현, 이영순, 2012) 등을 경험하게 된다. 따라서 위기개입자는 따뜻함, 진지한 관심과 걱정, 피해자의 비밀을 지켜주려는 정중한 노력을 비언어적, 언어적으로 표현하면서 피해자가 자신의 반응을 조절하고 자신 및 자신의 사고와 정서에 대한 통제감을 회복하도록 즉시 개입하는 것이 필수적이다. 위기에 처한 피해자의 감정을 들어 주고, 이해하며, 수용하는 과정이 피해자들의 강렬한 정서적 반응을 완화하고 안정시키는 것을 도와줄 수 있다. 피해자가 무엇을 말하고·말하지 않는지, 피해자의 행동, 피해자가 무슨 생각을 하는지 보여주는 언어 표현들, 피해자의 정서를 직설적으로 표현하는 것들을 주의 깊게 경청하는 것은 위기개입자가 피해자 감정의 복잡성과 깊이를 인식하고 반응할 준비를 하게 하도록 하고, 피해자가 그 감정들을 표현하도록 돕는 기회를 반복적으로 제공하게 한다. 위기개입자의 공감적이고 지지적인 반응을 통해 피해자는 불안이 감소되는 경험을 하게 된다. 피해자를 위한 위기개입자의 지지는 사회적 지지의 한 유형으로 Brewin, Andrews와 Valentine(2000)이 메타연구에서 밝혔듯이 PTSD의 가장 강력한 위험요인인 사회적 지지의 부족함을 채울 수 있게 한다.

2) 질문하기: 피해자의 반응을 더 잘 이해하는 데 초점을 둔 질문이 필요하다

(1) 개방형 질문(open－ended question)

개방형 질문은 피해자의 상황을 충분하게 설명하고, 이전의 진술을 명확하게 하는 데 유용하다. 보통 "무엇을" 혹은 "어떻게"라는 단어로 시작하며 이야기 중간에는 "더 이야기해 주세요.", "사건에 대해 더 이야기하실 것이 있을 것 같아요."라고 할 수도 있다. 질문하면서 피해자의 정서적·인지적·행동적 반응에 대한 정보를 모으는 것이 중요하다.

(2) 폐쇄형 질문(closed question)

폐쇄형 질문은 “예.” 혹은 “아니요.”로 대답할 수 있는 질문으로 피해자에게 특정한 정보를 주기 위해 사용한다. 일반적인 개인 상담상황이 아닌 위기상황에서 더 자주 쓰인다. 피해자가 위험한 지역에 있는지, 어린이가 위험한 상황인지, 자살위험성이 있는지, 의료적 응급 상황인지, 심각한 손상이 있는 상황 등 피해자의 안전을 강화하기 위한 상황파악과 개입계획을 찾기 위해 사용된다(Myer, 2001).

(3) 깔때기 질문법(funnel sequence of interrogation)

깔때기 질문법은 개방형 질문으로 시작하여 폐쇄형 질문으로 좁혀 나가며 진행한다. 처음에는 일반적인 질문으로 시작하여 점점 더 구체적이고 한정적인 영역으로 좁혀 나간다. 즉, “무슨 일이 일어났나요?” → “오늘 아침 무슨 일이 일어났나요?” → “뭔가 힘든 일을 겪으셨나요?” 이러한 깔때기 질문은 피해자가 특정 주제에 대해 편안하게 이야기할 수 있도록 해준다(France, 2006).

(4) 역깔때기 질문법(inverted funnel sequence of interrogation)

역깔때기 질문법은 폐쇄적이고 구체적인 질문으로 시작해서 일반적인 질문으로 진행한다. 아동이나 청소년과 상호작용할 때, 머뭇거리거나 주저하는 피해자에겐 몇 가지 폐쇄적인 질문으로 쉽게 대답하게 한 다음에 원하는 주제로 대화를 이끌어 갈 수 있다.

(5) 주의해야 할 질문(France, 2006)

① 동의를 구하려고 유도하는 질문

“전에도 이런 적이 있었죠?”

② 다중질문

한 번에 두세 개의 질문을 동시에 하는 것으로 "그 사건에 대해 이야기할 수 있었나요?, 아니면 너무 무서웠나요?" 일반적으로 '혹은'이라는 단어는 여러 가지를 답하게 한다. 다중질문을 받으면 혼란스러워지거나 마지막 질문에만 답하기도 한다.

③ "왜?"라는 질문

"왜?"라는 질문은 피해자로 하여금 분석하게 만들어 스스로를 방어하게 할 수 있다.

3) 심리적 응급처치(Psychological First Aid: PFA)(2007, Halpern & Tramontin)

심리적 응급처치는 '상담'이나 '치료'가 아니다. 재난 이후 가장 초기(48시간 정도 이내)에 외상적 자극으로부터 피해자를 보호하고, 피해자를 안전한 곳으로 인도하며, 피해자를 다른 지지체계와 연결하는 것에 초점을 둔다. 즉, 연민을 토대로 '지금·여기에서', 위안과 지지를 제공하며 안정화(Stabilization)시키고, 지켜주는 것(containment/신체적·정서적)을 목표로 한다.

(1) PFA의 4가지 목표(NIMH, 2002)

- 안전 확립(주관적·객관적)
- 스트레스 관련 증상 경감
  - 신체적, 정서적 고통을 경감시키기
  - 생존자의 단기적 기능 증진시키기
- 휴식과 수면의 회복
- 중요한 자원과 사회적 지지체계와의 연결－생존자의 회복과정 돕기

즉, 강력한 지지체계는 피해자의 생존에 대한 욕구를 증가시키고 환경에 대한 통제감과 자신감을 증가시킨다. 지지체계는 문제해결에 도움이 되는

정보와 도구를 제공하므로 가족구성원, 전문가, 친구, 중요한 다른 사람을 개입시키는 것이 중요하다. Rogers의 인간중심, Maslow의 인간 동기의 위계 이론(생리적, 안전욕구 최우선)을 이론적인 배경으로 한다.

(2) 심리적 응급처치(PFA)를 하는 위기개입자의 태도

PFA 태도와 행동

태도(Attitudes)	행동(Actions)
평온한 상태 유지하기	생리적인 욕구에 주의를 기울이기
따뜻하게 대하기	안전의 욕구에 주의를 기울이기
인정과 인식 제공하기	정보 얻어내기
공감해 주기	정보 제공하기
진솔성 나타내기	사회적 지지체계에 연결될 수 있도록 돕기
피해자 역량을 강화시키기	외상적 슬픔 돕기

① 평온한 상태 유지하기

위기개입자는 정서적으로 평온한 상태를 유지하여 과도하게 각성되어 있는 피해자를 효과적으로 도와야 한다.

② 따뜻하게 대하기

위기개입자에게 있어 연민 어린 돌봄과 친절함은 기본이다. 개입 시 신체적 접촉은 피하고 있으나 재난 위기개입과 같은 응급상황에서는 존중적이고 시기적절한 손잡아주기나 포옹 같은 신체접촉은 피해자에게 위안을 주기도 한다(Raphael, 1986). 포옹은 따뜻함과 공감을 잘 전달해 준다. 피해자가 신체접촉에 부정적인 반응을 보이는 경우도 있으므로 위기개입자는 피해자의 특정한 욕구나 신호에 민감해야 한다.

③ 인정과 인식 제공하기

피해자는 자신이 경험한 것에 대해 타인이 말이나 행동으로 알아주고 타당화해 주는 것을 원한다. 친구, 친척, 지역사회 모두의 인정이 도움이 된다. 미디어는 피해자들이 받은 고통이 지역사회에 심각하게 받아들여지고 있다는 것을 알리는 데 유용하다. 인정과 타당화는 피해자들의 스트레스 반응을 정상화시키는 데 도움이 된다.

④ 공감해 주기

공감은 피해자의 이야기를 잘 들으면서 피해자의 세계로 들어가 피해자의 관점으로 보며, 피해자가 만족할 때까지 피해자의 관점으로 의사소통하는 것을 말한다(Rogers, 1970). 피해자들은 자신이 겪은 상황에 대해 위기개입자가 제대로 이해하고 있는지 알고 싶어 한다. 위기개입자들은 피해자들의 감정과 사고를 알아차려서 피해자들이 격한 고통, 분노, 공포, 무기력, 무용담 등 자신들이 경험하고 있는 이상하고 극심한 감정까지도 발산할 수 있도록 허용해 주어야 한다. 상담과 달리, 위기에 노출된 피해자들이 이야기를 하다가 울게 되면, 억지로 울음을 멈추게 하지 않아도 된다. 위기개입자가 눈물을 보이는 것도 허용된다. 감정에 압도된 피해자가 안정화되고 친구나 가족으로부터 지지적인 환경을 제공받고 있다고 확신할 수 있을 때까지 위기개입자는 피해자 곁에 남아있어야 한다(Raphael, 1986).

⑤ 진솔성 나타내기

위기개입자는 자신의 감정에 대해 열려 있어야 하고 자신의 경험을 자각하고 있어야 한다. 위기개입자는 자신의 강점과 취약점, 자신이 공감해 줄 수 있는 한계를 알고 있어야 한다. 하지만 피해자의 정서적 방어를 존중하고 상식범위를 고려해야 한다. 사망자 유가족들은 자신의 가족이 끔찍한 상태로 고통 속에 죽었다는 것을 알기보다 고통 없이 죽었다는 말을 듣고 싶어 한다.

⑥ 피해자 역량을 강화시키기

피해자의 강점·능력·용기·힘(피해자의 회복탄력성)을 인정해 주고 지지해 주는 것, 피해자의 요구를 존중해 주는 것은 외상적 사건으로 인해 통제감을 잃은 피해자에게 통제감을 회복시키게 해 준다. 즉, 피해자 역량강화란 피해자가 받을 지원의 종류, 자기노출 정도를 스스로 결정할 수 있도록 하는 것이다. "전에 어려움을 겪었을 때는 어떻게 극복하셨죠?" 같은 질문은 피해자가 이전에 사용해왔던 극복방법을 자각하고 강조시켜줄 수 있다. 또한 피해자가 구조현장에서 다른 사람들에게 물이나 담요를 갖다 주는 등 구조작업에 참여하게 하는 것도 피해자의 강점, 통제감, 유능감을 찾아내는 데 유용하다. 피해자가 원하고 가능하면 피해자가 자신의 팔에 붕대를 감도록 허용하거나 응급처치를 도울 수 있게 하는 것도 한 방법이다.

4) 위험성 평가(Risk Assessment)

위기개입자는 피해자와 온전히 함께 하며 피해자의 이야기를 잘 듣는 동시에 피해자와 관련된 위험성을 정확하게 평가할 수 있어야 한다. 효과적인 위기개입은 빠르고 정확한 평가에 달려있다. 잘못된 평가는 피해자와 위기개입자 모두를 위험에 빠뜨릴 수 있기 때문이다. 위험성을 평가하기 위해서는 정확한 정보를 모으기 위한 면접, 특정한 위기에 맞는 표준화된 평가도구, 위기관점에 맞게 해석할 수 있는 일반적인 성격검사가 필요하다(Myer, 2001).

피해로 인한 위험평가와 잠재적인 치명성 평가에서 고려해야 하는 필요한 요소들은 다음과 같다(Roberts, 2005).

- 의료행위가 필요한가?
- 피해자에게 자살의도가 있는가?
- 피해자가 가정폭력, 성폭력 혹은 다른 폭력범죄의 피해자인가?
- 가해자가 근처에 있거나 곧 돌아올 수도 있는가?
- 다른 아이들이 위험한가?
- 병원으로 응급이송 혹은 보호소를 필요로 하는가?
- 알코올이나 약물의 영향에 의한 피해인가?
- 자해를 하려 하는가?
- 거주지에 폭력적인 사람이 있는가?

가능하다면 추가적으로 다음의 사항들도 물어볼 수 있다.

- 가정폭력 상황에서 피해자가 이전에 자신이나 자녀를 보호하기 위해 했던 노력과 스스로를 보호하기 위해 결정했던 것들이 있는가?
- 가정폭력의 경우 가해자의 위협을 평가하기 위해 가해자의 범죄 기록, 신체적 학대 이력, 소유물 파괴 등이 있는가?
- 가정폭력피해자라면 신체적 학대, 약물 남용, 혹은 자살시도 등으로 응급실에 방문한 이력이 있는가?
- 집안에 위험한 도구나 물건이 있는가?
- 최근 누군가 피해자에게 무기를 사용했는가?
- 피해자가 생명의 위협을 포함한 테러위협을 받았는가?
- 피해자가 우울증, 극심한 불안, 공포반응, PTSD 등을 겪고 있는가?

Lazarus(2000)는 재난 트라우마 이후의 전형적인 스트레스 반응을 평가하기 위해 다중양식 행동 접근법(Multi–Modal Behavioral Approach)을 개발하여, BASIC ID라는 약어를 사용하여 평가 영역을 분류하였다.

Lazarus(2000)의 다중양식 행동 접근법(Multi–Modal Behavioral Approach)

행동적 반응 (Behavioral Responses)	• 과도한 놀람 반응 • 과도한 행동 • 일중독 • 무모하고 위험감수 행동 • 업무 부주의, 다칠 위험증가 행동 • 과도한 병가 사용 • 근심스런, 굳은 표정 • 신경질적인 행동 • 철수나 사회적 고립 • 언어적 혹은 쓰기로 자기표현 불능 • 정상적 활동에 돌아가기 어려움 • 사건을 기억나게 하는 장소나 활동 회피 • 성적 문제
정서적 반응 (Affective/Emotional Responses)	• 초기의 행복감과 구조되었다는 안도감 • 생존자의 죄책감 • 불안, 공포, 불안전감 • 사랑하는 사람의 안녕에 대한 전반적인 걱정

	• 무기력감, 무망감 • 기분변화의 통제곤란 • 냉담, 고립, 분리 • 취약성에 대한 수치감 혹은 분노 • 초조감, 안절부절 못함, 과도한 흥분, 동요감 • 분노, 격노, 비난(종종 조력자들을 향한) • 실망, 냉소주의, 부정적임 • 낙담, 비탄, 슬픔 • 우울과 철수
신체적 반응 (Somatic Responses)	• 막연한 신체적 불편감 • 근육통 • 피로감이나 전반적인 허약함 • 수면장해 • 심박 수나 혈압 증가 또는 감소 • 심장이나 맥박이 두근거리는 느낌 • 알레르기, 감기, 플루, 두통 증가 • 호흡곤란 • 가슴, 목, 위가 조이는 느낌 • 땀 흘림 • 팔다리가 무거운 느낌 • 멍함
형상화 반응 (Imagery Responses)	• 수면장애, 악몽, 플래시백, 사건에 대한 반복적인 꿈 • 사건에 대한 침투적 사고 • 사건에 대한 반추
인지적 반응 (Cognitive Responses)	• 주의집중의 어려움 • 계산하기 어려움 • 혼란, 사고의 느림 • 의사결정능력 손상 • 기억력 상실 • 사건에 대한 집착 • 목적성 상실 • 엄격성 • 신뢰의 상실 • 자신과 사랑하는 사람의 취약성에 대한 각성 증가 • 사건에 대한 반복적인 생각, 기억, 반추 • 판단력 상실
대인관계 반응 (Interpersonal Responses)	• 타인을 향한 과민반응과 분노 • 가족과 관계 문제 • 일, 학교 또는 사회적 관계 손상
약물/알코올 (Drugs/Alcohol)	• 알코올 사용의 증가 • 약물 사용의 증가

5) 위기해소 절차

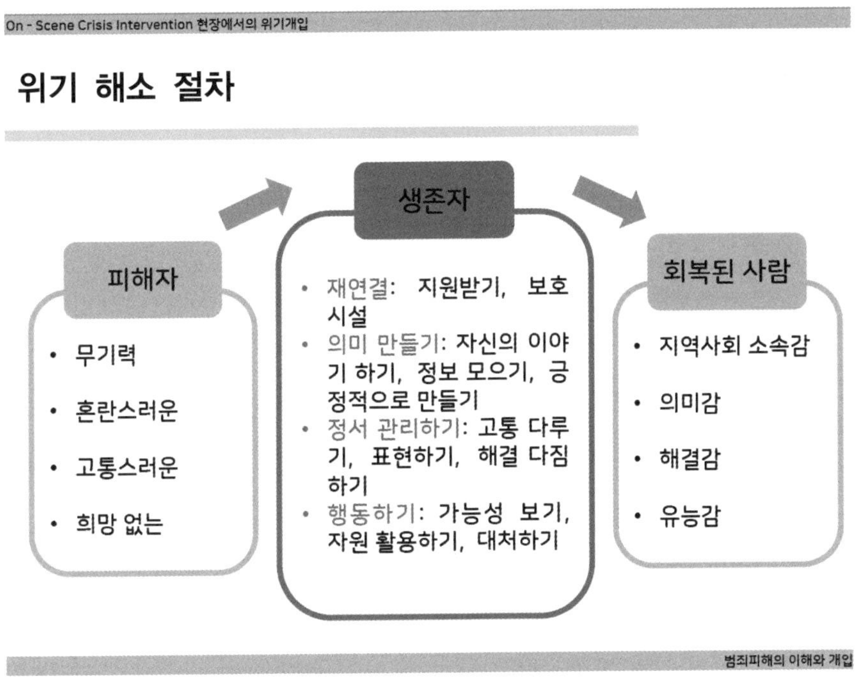

출처: 외상으로 인한 정서적 혼란 해소 과정(최남희, 2004).

위기에 처한 피해자는 무기력해 하며, 혼란스럽고, 고통에 빠져있을 수 있다. 또한 자신의 대처방식이 제대로 기능하지 않아 희망이 없다고 느끼기도 한다. 그러나 이러한 피해자는 외부와 접촉하면서 사회의 자원과 연결되어 지원을 받고 보호시설을 이용할 수 있게 된다. 피해자가 위기개입자와 함께 자신의 스토리를 말하는 과정 자체는 사람이 본래 지니고 있는 능력을 활성화시키는 것으로 개인이 직면한 사태를 이해하고 평가하며 적절한 대응방법을 찾아가는 과정이다. 피해자들은 상상할 수 없는 일을 겪은 자신의 이야기를 하면서 혼란을 줄이고 자신이 겪은 것을 조절하며 기억들이 침습되지 않도록 한다. 자신들의 감정·사고·충동들과 파편화된 기억들로부터 질서와 의미를 구성해 낸다. 이러한 노력을 통해 자신의 피해경험을 사회적 맥락이나 정체성 안으로 변화시키고 통합하여 새로운 의미를 만들어 낼 수 있다.

또한 위기개입자와 함께 사건의 의미에 대해 자신이 다른 결론으로 이끌 수 있는 정보를 모으고 사건의 체험을 분석하는 과정을 통해서 자신의 경험과 정서적 변화가 비정상적인 것이 아니라, 비정상적 사태를 겪은 정상인의 경험이라는 사실을 파악하기도 한다.

① 체험의 재처리(Narrative Reprocessing)

직면할 수 없는 충격적 경험을 다시 돌아보고 자기에게 적합화시키는 것이다. 안전하고 다양한 방식으로 사건을 되돌아보고 사건과 관련된 더 많은 정보와 단서를 스스로 찾아냄으로써 전체 사건을 하나의 연결된 스토리로 만드는 것이다.

② 체험 내러티브의 구도화 과정(Narrative Mapping)

열거된 충격 관련 단서들이 서로 종합되고 새로운 방식으로 틀을 갖추게 되는 단계로 혼돈 상황에서 형태를 알 수 없었던 부분적 단서들이 모아짐으로써 초기 형태를 드러내고 대체적인 상황적 그림을 그리게 된다.

③ 체험 처리의 재검토(Review)

공포, 두려움, 강력한 인상으로 남은 외상경험을 새로운 시각으로 보는 것이다. 이야기의 과정을 통해서 각인된 부분적 기억들을 개별적인 것이 아닌 전체를 통해서 바라본다. 더불어 부분에 집중해 있던 기억의 조각으로 인한 과장된 정서를 완화시킬 수 있게 된다.

④ 희망과 새로운 전망의 발상(Hope and New perspective)

스토리를 완성해 가면서 피해자들은 혼돈의 체험을 정리할 수 있게 되고 피해자들은 피해자가 아니라 생존자로 전환하게 된다.

범죄피해의 유형과 유형별 특징

범죄피해자들의 62.1%가 정신적 측면에서 평생 회복할 수 없는 피해를 입었다(한국형사정책연구원, 2010)고 하듯, 대규모 재난이나 재해와 달리 타인의 인위적인 행위로 피해를 당한 만큼 범죄피해자들이 회복까지 장시간 어려운 과정을 거치기도 한다.

범죄피해자는 국가 및 지방공공단체에 의한 피해지원이 이루어지는 대규모 재해나 재난과 달리 공적인 지원에 의한 조직적이고 신속한 대응은 거의 없다. 일반적으로 피해자의 친족 또는 지인 등에 의한 지원이 전부이다. 재난피해는 가해자에 대한 처벌 없이 바로 회복과정에 들어가는 게 보통이지만, 범죄피해는 범인의 처벌 없이 진정한 회복을 기대하기 힘들다. 정신적 상처를 가하는 행위를 범죄라고 선언하는 것이 치유를 위한 의미 있는 첫 걸음(김희균, 2016)이고, 가장 극심하고 압도적인 슬픔과 분노의 감정은 재판 이후에 나타나는 경향이 있다(김은주, 2008).

범죄피해는 피해자들에게 타인에 대한 신뢰감과 스스로 자신의 삶을 통제할 수 있다는 자율성(Erikson, 1963)과 자의식이 침범당했다는 것을 의미한다. 삶에 대한 기본 가정들과 일상의 삶을 견뎌낼 수 있게 해준 '심리적 안전판'에 손상을 입은 것이다(Miller, 2008). 침해 당했다는 느낌이 크면 클수록, 고통의 결과는 더욱 커지는데 범죄가 폭력적이거나 성적이었을 때 더 심하다(Freedy, Resnick, Kilpatrick, Dansky, & Tidwell, 1994). 강간피해자가 폭행피해자보다, 폭행피해자가 강도피해자보다 회복되는 데 필요한 시간이 더 길고, 폭력적인 범죄피해자가 재산범죄피해자보다 회복이 느렸다(Resick, 1987).

Russell과 Beigel(1990)은 핵심자기라는 개념을 이용하여 범죄피해의 영향력을 몇 개의 층으로 설명하였다. 핵심자기는 자존감(self esteem), 통제소재(locus of control), 신경증(Neuroticism), 자기 효능감(self-efficacy)으로 구성된다. 자존감은 본인이 자기 스스로를 바라볼 때 스스로를 유능하고, 의미 있고, 성공적이고, 가치 있는 존재로 믿는 정도를 의미한다(Coopersmith, 1967; Bono & Judge, 2003). 자기효능감은 다양한 상황에서 어떠한 일을 우수하게 해낼 수 있는 가능성에 대한 본인의 평가, 통제소재(locus of control)는 본인의 환경을 조절할 수 있는 스스로의 능력에 대한 믿음을 의미한다. 신경증(neuroticism)은 정서적으로 안정되어 있는 정도이며 감정적 안정성(emotional stability)으로도 표현되는데 감정적 안정성은 걱정, 두려움 혹은 스트레스로부터 안정된 상태를 의미한다. 재산범죄는 비록 고가의 물건을 잃었다 할지라도 피해자의 가장 바깥에 위치한 자기 층에만 손상을 입힌다.

1. 범죄피해 범위와 분류

범죄피해자는 타인의 범죄행위로 인해 피해를 당한 사람과 그 배우자(사실상의 혼인관계를 포함), 직계 친족 및 형제자매, 범죄피해 방지 및 범죄피해자 구조 활동으로 피해를 당한 사람을 말한다(범죄피해자 보호법 제3조).

1) 1차 피해

개인이나 집단이 범죄 또는 위법행위 등에 의해 직접 피해를 당하는 것으로 신체적·경제적·정신적 피해로 구분하기도 한다.

2) 2차 피해

범죄로 인한 직접적인 피해가 아닌 범죄로 인해 파생되는 다양한 문제로 인한 피해를 말한다. 실직 등에 의한 경제적 손실, 수사·재판과정에서의 정신적이고 시간적인 부담, 언론의 취재·보도에 의한 불쾌감이나 스트레스, 대인관계 악화 등을 말한다. 사회관계망 서비스의 발달로 피해자들은 심각한 2차 피해를 받기도 한다.

2. 범죄피해자 심리

범죄피해자들은 범죄에 의해 신체·생명·명예·자유·재산 등에 침해를 당함으로써 물질적·정신적 피해를 입어 매우 곤란한 상황에 처하고, 사건에 대한 즉각적인 정서반응을 보이기도 한다. 이러한 정서적 반응은 수 시간 내 혹은 수일 내 나타난다. 짧게 지속되기도 하고 행동 자체를 변화시키기도 한다. 어떤 정서나 행동적 반응은 만성화되고 오랫동안 지속되기도 한다. 범죄피해를 경험한 대부분의 많은 사람들은 일상으로 돌아가지만, 어떤 경우는 한 가지 혹은 그 이상의 증상을 나타내기도 하며(Frederick, 1980; Krupnick, 1980; Salasin, 1981) 전문적인 도움을 필요로 하기도 한다.

1) 현실 부정

사건의 충격으로부터 자신을 보호하기 위해 현실을 부정한다. 현실 부정은 통증이나 아픔 같은 신체적 감각을 느끼지 못하거나 공포, 두려움, 분노 등 정서적 감각을 느끼지 못하는 정서적 무능력 상태, 사건의 일부를 전혀 기억하지 못하는 기억상실의 반응으로 나타난다.

2) 해리(dissociation) 증상

'마치 내 몸이 나를 떠난 것과 같은 느낌'으로 보고되는 이인감(depersonalization)을 호소하기도 한다. 이러한 반응들은 모두 해리(dissociation) 증상에 해당하며, 사건이 종료되어도 한동안 이 상태가 지속된다. 경우에 따라서는 피해자가 자신에게 일어난 사건을 인식하는 데에만 몇 시간에서 며칠이 소요될 수 있다.

3) 재경험

피해자로 하여금 범죄사건을 '과거'로 보내지 못하고 현재에서 반복 경험하도록 만듦으로써 피해자를 매일 재외상화(retraumatization)시키기도 한다.

4) 침투적으로 떠오르는 사건기억과 플래시백(flashback)

갑작스러운 공포반응, 자기보호를 위한 극단적 행동(예: 범인의 손아귀에서 벗어나기 위해 달리는 차에서 갑자기 뛰어내림 등), 자해나 자살시도 등을 유발할 수 있다(김태경, 윤경희, 2016).

5) 자책감, 죄책감, 수치심, 후회

6) 무기력한 상태

7) 자살생각 증가와 자살시도, 자해행동

8) 행동 및 정서조절 곤란으로 인한 충동적 행동화

9) 감정표현 불능증

자신의 감정을 인식하고 표현하는 데에 장애를 보이면서 특정 신체부위의 기능결함, 마비, 통증 등과 같은 신체증상으로 경험하는 경우가 있다.

10) 환각이나 망상, 사고장애와 같은 정신증적 징후

11) 뇌의 기능 교란

두려움, 공포, 불안, 안절부절하지 못하거나 몸을 떠는 행동 증상이 나타날 수 있다.

12) 인지기능 저하

주의력 저하, 문제해결 능력 저하, 언어 능력 저하, 기억회상 능력 저하가 나타날 수 있다.

3. 범죄피해자의 반응과 욕구

범죄피해 직후에 피해자가 경험하는 사회적 지지에 따라 범죄피해 이후의 정신건강과 안녕에 강한 영향을 미친다(Campbell, 2008; Smith & Freyd, 2013). 일반적으로 슬픔을 표현하는 피해자가 사회적 지지를 더 받는다. 특히 슬픔을 표현하는 남자 피해자는 분노를 표현하는 피해자보다 사회적 지지를 더 받는 경향이 있다. 분노를 표출하는 사람은 슬픔을 표출하는 사람보다 더 주도적이고 힘이 있다고 지각하고(Knutson, 1996; Tiedens et al., 2000), 슬퍼하는 피해자는 덜 유능해 보이기 때문에 지지가 더 필요한 것으로 지각한다(Wrede et al., 2015).

범죄피해로 인한 심리적 반응

감정의 마비	폭력 피해상황을 담담히 진술하거나 가족의 죽음에 대해 눈물을 전혀 흘리지 않고 의연하게 있는 경우 등
분노감정 표출	범인에 대해 마음속 깊이 분노를 경험하고, 때때로 '공격' 형태로 나타나기도 함

피해 당시 공포 상기	사건 · 사고 현장으로부터 벗어나 안전이 확보되었음에도 피해 당시의 상황이 생각나서 무서움에 떠는 등 공포를 느낌
피해에 대한 수치심	자신이 부끄럽고 수치스럽다는 마음을 갖는 경향이 있음. 특히 성폭력피해자의 경우 그 정도가 심함
자기 자신 비하	'어두운 밤길을 걸은 내 잘못이다.', '내가 심부름을 시키지 않았다면 아이는 사고를 당하지 않았다.'라고 생각하는 등 피해자 자신을 책망하고 비하하는 경우가 있음
무력감	'나는 살아갈 가치가 없다.'고 자신의 존재가치를 부정함. 특히 연속해서 같은 피해를 당한 피해자 · 성폭력피해자 등에게 이러한 경향이 있음

경찰청, 2016

범죄피해자의 PTSD 발병 위험요소에는 다음과 같은 요소가 있다.

- 폭력이 포함된 사건이다.
- 가해자가 아는 사람이다.
- 범죄의 결과가 예상했던 것 보다 더 나쁘다.
- 사건과 관련해서 자신을 비난한다.

위 네 가지 기본항목이 모두 포함되는 경우, 피해자의 PTSD 증상은 다른 경우에 비해 사건 이후에도 호전되기 어렵다.

1) 범죄피해자의 욕구

- 사법처리절차에서 피해자 배려
- 사건의 결과, 가해자가 받는 처벌, 자세한 진행 사항
- 통보받는 것보다 사건 의사결정 참여(Thibautand Walker, 1975)
- 피해자 입장에서 공정한 과정(조균석, 2010)
- 적절한 손해배상 (Walgrave et al., 1999)
- 공감, 도덕성과 사법정의 회복감(Zehr, 2002)
- 직접적인 배상(Erez and Tontodonato, 1990)
- 가해자로부터 사과, 가해자와의 관계 회복(Bazemore, 1998; Strang,

2002; Wright, 2004)

- 정서적 회복 또는 상징적 회복(Shapland et al., 2006)

4. 피해유형별 특징

범죄에 노출되어 경험할 수 있는 어려움들이 많지만, 범죄피해에 노출되어 경험할 수 있는 심리·정서·행동적인 특성이 범죄유형별로 다르고 필요한 도움에서 차이가 있을 수 있다.

1) 살인사건 유가족의 반응

4월 봄, 어느 이른 아침 30대 초반의 아들이 거리에서 죽었다. 새벽까지 술을 마시다 술집이 문을 닫는다고 하여 만취한 상태에서 거리에서 행인과 시비가 붙어 몸 싸움을 하다 흉기에 찔려 죽었다고 했다. 새벽 시간에 아들은 아내와 통화했고 아들은 "지금 들어가요."라고 말했었다. 사인을 확인하느라 부검을 하기 때문에 장기기증도 못한다고 한다.

살인사건 소식을 들은 직후 유가족들은 심리적 쇼크 상태에 놓이며, 짧게는 몇 분, 길게는 몇 년이 지나 사건을 인정하게 되면 비통함, 죄책감, 슬픔, 공허감, 자살생각, 불안, 공포, 과각성, 사건 관련 자극에 대한 회피, 분노, 과민함, 감정기복의 심화와 같은 다양한 어려움들이 드러나기 시작한다.

살인의 발생초기에는 갑작스런 죽음을 받아들이지 못하여 현실을 부정하고 상황에 적절한 감정이나 행동을 표출하지 못한다. 분노의 감정을 맹렬히 표출하기도 하고 분노감정과 충동을 다루기 위해서 반복적으로 복수를 꿈꾸기도 한다(김태경, 2015). 구속된 가해자에게 분노를 표출하지 못하여 분노의 감정은 대상을 찾지 못하고 자신에게 돌아오는 경우도 있고, 표출하기 쉬운 상대에게로 옮겨가는 경우도 있다. 자신도 죽을 수 있다는 두려움에 과도하게 집착하여 일상생활이 변화되기도 한다. 가족의 죽음으로 인한 상실감, 무력감, 자책감 등이 큰 경우 우울 및 무기력에 빠지기 쉽고, 알코올 남용, 대인관계 기피, 불면 등 다양한 문제가 발생할 수 있다. 이들은 종종 '나아지는 것'이 곧 고인을 잊는 것이라고 믿으면서 회복에 저항하며, 외상적 상실에 직면하지 않기 위해 알코올에 의존하기도 하고, 신념이 변하기도 한다(김태경, 2015).

외상적 사건에 대한 애도 반응은 강렬한 분노, 복수심, 신념과 가치 체계의 상실, 사회적 철수와 고립, 비난, 과도한 죄의식, 공포와 자살 생각 등을 수반한다(Amick-McMullan et al, 1989; Horowitz et al,, 1997; Parkes, 1993; Redmond, 1989). 사건을 재구성한 뒤 그것을 머릿속으로 끊임없이 반복해서 떠올리는 과정에서 스스로를 2차 외상에 노출시킴으로써 자기처벌하기에 몰두하기도 한다.

① 살인피해자 유가족의 욕구(Horne, 2003)

- 실질적인 지원서비스
- 심리 정서적 지원과 상담
- 피해자 옹호 서비스

② 회복을 방해하는 요인들(김태경, 2015)

- 생전에 고인과 심리적으로 밀착된 상태였을수록
- 시신이 훼손되었거나 시신의 행방이 묘연하거나 사건 정황이 불분명할 때
- 수사 및 재판과정에 과도하게 몰두할수록
- 부적절한 사회적 반응에 반복 노출되었을수록
- 주변 사람들이 마치 사건이 고인의 잘못 때문에 초래되었다는 식으로 반응할수록
- 살인의 의도성이나 악의성이 크게 지각될수록

살인피해자 유가족들은 박탈당한 애도(disenfranchised grief)(Jones, Beck,

2007)를 경험하기도 한다. 살인으로 인해 가족을 상실하면 상실을 비통해 할 권리를 박탈당한 것 같은 느낌을 받기도 한다.

③ 회복에 도움이 되는 것들

- 사회적 지지체계의 존재(Redmond, 1989)
- 영적인 대처와 의미 찾기
- 죽은 사람과의 정신적 관계 유지하기
- 다른 살인피해자 유가족들과 공동대응하며 서로를 돌보는 집단주의적 애도, 상실과 관련된 느낌을 나누기(Sharpe & Boyas, 2011)
- 가능한 빨리 심리적·사회적·법적·피해자 옹호적인 서비스 받기(Golan, 1986): 사건 직후 4~8주 이내 가장 강렬한 불안 경험하기 때문
- 기능이 저하되더라도 현재 자신의 주어진 역할에 집중하기: 일에 몰두함으로써 고인에 대한 반추적 사고를 피하고, 최소한의 사회적 관계를 유지해야 하기 때문에 기본적인 자기 관리를 하게 됨
- 수사나 재판에 상대적으로 덜 몰두하기(김태경, 2012)

2) 강력사건

① 생명이 위독했던 경우

60대 중반의 피해자는 산책을 다녀오던 중 전혀 모르는 사람에게 영문도 모른 채 갑자기 둔기로 머리를 맞고 기절하였다. 심한 상해를 입고 입원치료 중에 언론에 보도된 자신의 사건 내용을 알게 되었고 자신의 잘못인 양 떠들어 대는 댓글과 취재요청에 더욱 마음이 상했다. 사건에 대한 이야기만 들으면 화가 치밀어 오르고 짜증이 나며 밤잠을 이룰 수 없다. 신경이 곤두선다.

플래시백, 불면, 악몽, 과잉경계, 성격변화, 해리, 우울 등 심한 PTSD 증상을 호소하기 쉽다. 심리면담으로 증상이 호전되기 어려워 정신과 치료가 병행되어야 한다. PTSD 증상을 호소하지 않는 경우에도 일종의 해리 증상이나 회피증상을 나타낼 수 있으므로 반드시 정신과 진료와 전문 심리평가 및

치료를 권유한다.

② 후유장애가 있는 경우

60대 중반의 여성이 자신이 소유하고 있던 가게의 월세인상 문제로 세입자와 갈등을 빚다 흉기에 찔려 척추가 마비되는 상해를 입었다. 몇 달 동안 종합병원에서 입원치료를 받았으나 신경마비 증세가 호전되지 않고 있다. 아무 것도 할 수 없고 몸을 꼼짝할 수 없으니 사는 것 보다 죽는 게 낫겠다고 호소하고 있다. 너무 괴롭고 힘들어 빨리 고통을 끝내고 싶을 정도이다.

불안감, 상실감, 우울을 경험한다. 일반적으로 초기에 불안 증상을 보인 후 시간이 지날수록 가해자에 대한 분노감, 기능 상실로 인한 좌절감, 우울감 등을 나타내는 경우가 많다.

③ 주거침입의 경우

60대 후반의 남성 피해자는 가해자가 새벽 시간에 담을 넘어 들어와 자신이 자고 있던 안방에서 돈을 훔치고, 아들이 자고 있던 작은방으로 건너가 옷을 뒤지던 것을 보고 가해자를 제지하다가 온몸을 폭행당했다. 차분하게 이야기하다 사건 관련 이야기를 할 때면 소리가 커지고 벌떡 벌떡 자리에서 일어났다. 사건이 있은 이후 낮에는 하는 일에 집중할 수 없고 밤에는 잠을 못 이룬다. 가해자가 집을 알고 일부러 찾아온 것은 아닐지 걱정된다. 사건 이후 자신의 집이 더 이상 자신의 집이 아니라는 생각이 든다.

유일한 안식처인 집 안까지 위협적인 공간으로 인식하게 되어 어느 곳으로도 숨을 수 없는 상황에 놓이게 된다. 주거침입이 수반된 범죄의 경우, 피해자가 가장 안전하다고 생각되는 가족 등과 함께 지내도록 유도하고, 가능하면 범행현장인 주거지를 변경하도록 유도하는 것이 피해자의 회복에 도움이 된다.

④ 보복범죄가 우려되는 경우

피해자(30대 중반 남자)는 어릴 때부터 동네 '짱'이며 폭력배처럼 행동했던 동급생을 성인이 되어 우연히 만나게 되었다. 이후로 피해자는 가해자가 시키는 대로 하지 않으면 매일 맞으며 지냈다. 가해자가 운영하는 가게의 종업원을 하면서도 월급은 주는 대로 받아야 했고 수시로 불려가서 개인적인 심부름을 해야 했다. 이 과정에서 수천 만원의 빚까지 지게 되자 자살을 시도했고 이로 인해 정신과 치료를 받기도 했다. 피해자의 가족관계, 집까지 모두 아는 가해자가 교도소에 갔다 와서 자신은 물론 자신의 주변사람들에게 보복하게 될까봐 두렵다. 멀리서 가해자의 가족을 우연히 본 적이 있었는데 두려움에 그 자리에서 움직일 수 없었다.

가시적인 피해가 적더라도 극심한 트라우마에 시달릴 수 있다. 가해자가 집 근처에 살고 있거나, 피해자 자신에 대해 잘 알고 있거나 이전에도 반복해서 유사한 피해를 입은 경우, 가해자가 구속되지 않은 경우, 가해자로부터 직접 보복의 위협을 당한 경우 등 보복에 대한 두려움이 큰 경우에는 경찰의 신변보호 제도를 이용할 수 있도록 안내한다.

3) 성폭력

아르바이트를 마치고 자정이 넘어 귀가하던 젊은 여성에게 갑자기 괴한이 달려들어 때리고 으슥한 곳으로 데려가 성폭행을 했다. 이어서 근처 모텔로 데려가 재차 성폭행하고 택시를 함께 타고 피해자를 피해자의 집까지 데려다 주었다. 사건 이후 피해자는 자신의 집에도 들어갈 수 없고, 자꾸 토하기 시작했다. 가해자는 서로 좋아서 한 일이라고 발뺌하고 변호사를 선임했다. 현재 국선변호인이 도와주고 있는 상태이다.

일반적으로 심각한 정신적 후유증을 남기는 성폭행은 자기노출에 대한 두려움, 죄책감, 대처방법의 어려움 때문에 즉각적으로 도움을 청하는 경우가 드물다(박경, 2006). 성폭력으로 인한 상처의 치유를 위한 즉각적인 지원과 치료가 이루어지지 않았을 때 그로 인한 심리적·신체적 피해는 피해자들의

전 생애 동안, 그리고 생활전반에 걸쳐 그 충격이 지속되기 때문에 전문적인 개입이 중요하다(신연희, 채규만, 2010).

① 반응

성폭행피해자들은 자존감 상실, 대인관계 기피, 부정적 감정의 억압, 자학행동, 타인에 대한 공격적 행동을 나타낼 수 있으며, 대인관계 붕괴현상은 다른 PTSD에서와 달리 빈번하게 나타난다(문성원, 2010). 성폭력 상황이 매우 폭력적이거나 성도착적 행위가 수반될 때는 성폭행피해자들이 극심한 심리적 외상 증상을 보이는 경우가 많다.

성폭행의 피해자가 남성인 경우, 굴욕감, 죄책감, 수치심이 매우 크며 피해사실을 알릴 수 없는 비밀유지의 압박도 받는다. 친족 성폭력피해자의 경우, 보통 연령이 어리고, 장기간 지속적인 피해에 노출된다. 청소년의 경우는 성인과 달리 자존감이 매우 낮아 자신의 존재 가치를 못 느끼거나, 자해행위를 하거나 버림받지 않기 위해 쉽게 성관계를 허용하는 등의 사랑을 갈구하는 행동, 우울, 약물남용 등의 부적응적인 행동을 보이는 경향이 있다. 또한 수사나 심리면담에 비협조적인 태도를 보이기도 한다.

성폭력피해자의 애인이나 가족도 2차 피해자가 될 수 있다. 성폭력피해자의 애인은 일차적 피해자인 자신의 애인이 당한 사건의 후유증을 동일하게 경험할 수 있다. 언어소통의 장애, 성기능장애, 정서적 통제가 어렵게 되며, PTSD 증상을 보이기까지 한다. 피해자의 가족들은 불신, 부끄러움, 노여움, 죄의식, 배반감을 경험한다(Kilpatrick et al., 1990)

② 성폭력 위기개입자의 역할

성폭력 위기개입자는 피해자와의 면담 중 불가피하게 성적인 질문, 표현이 나올 수 있다는 것을 사전에 피해자에게 고지해 준다. 피해자가 가해자에 대한 '증오-두둔'의 상반된 양가감정을 갖기도 하므로 가해자에 대한 처벌의사를 명확히 하지 않더라도 피해자가 가해자의 책임을 부정하는 것이 아니라는 것을 인식하고 있어야 한다. 또한 성폭력 위기개입 시 피해자가 앞으로 겪을 수 있는 다양한 형태의 경험들에 대한 지식을 갖고 있어야 한다. 법정 다툼 시 대개 남자들인 피고측 변호사로부터 반대심문을 당할 때, 성폭력피해자들은 반대심문의 공격을 강간의 공격과 유사한 것으로 보기도 한다. 개입의 목표는 성폭력피해자들이 그들의 생활에 대한 통제력을 다시 회복하도록 하는 것이다.

▪ 가족, 친구들과의 상호작용 살피기

성폭력피해자들은 주변 사람들의 반응에 따라 성폭행 피해 이후 삶의 적응에 영향을 받기도 하므로 최초 접촉 시 피해자와 함께 있던 사람들과 만나는 것이 도움이 될 수 있다. 주로 직면하게 되는 문제들은 피해자 주변인들의 피해자에 대한 분노와 가해자에 대한 분노이다. 강간범에 대한 분노는 드러나는 경향이 있지만, 피해자를 향한 가족들의 분노는 간접적으로 드러날 수도 있다. 가장 먼저 고려되어야 하는 것은 피해자가 스스로 하고 싶어 하는 일에 다른 사람을 관여시키는 것보다 스스로 대처하는 기술을 수행할 수 있도록 격려하는 것이다. 도움을 주는 것이 좋기는 하지만, 과잉보호는 적절하지 않다.

▪ 폭행에 대해 논의하기

성폭행이 발생했을 때 어떤 일이 일어났는지 강요하지 않으면서 탐색하는 것이 적절하다. 피해자가 사건을 지칭할 때 “강간”이라는 단어를 먼저 사용하지 않는다면 위기개입자는 “강간”이라는 단어를 사용하면 안 된다. 어떤 일이 일어났는지 정보를 이끌어내는 것이 피해자에게는 고통스러울 수 있지만, 이것은 자기 자존감을 되찾게 되는 기반이 될 수 있다. 이야기할 준비가 된 피해자들에게 성폭행 상황에서의 사실과 기분들, 가해자와의 대화, 성적인 내용, 육체와 언어적 위협, 가해자와의 고투, 가해자나 피해자의 마약이나 알코올 사용 등에 대해 물어볼 수 있다.

성폭행피해자들의 연구(Katz & Burt, 1988)에서, 피해자의 65%가 “그건 네 잘못이 아니야.”라는 위기개입자의 말이 자기비난을 하는 피해자들에게 가장 도움이 되었다는 보고도 있었다.

위기개입자는 폭행 중에 언어적으로 가해자가 그런 행동을 못하도록 설득하는 것, 육체적 저항을 시도한 것, 나중에 알아보기 위하여 가해자의 특징에 집중한 것, 어떤 전략이 그 공격에서 살아남도록 하는지 등 피해자가 상황을 통제하기 위해 한 노력을 다시 인지시켜야 한다. 피해자가 살아남았기 때문에 피해자가 했던 모든 것은 당연하고(Bard & Sangrey, 1979), 폭행 후에 피해자가 어떻게 도움을 요청했는지, 그러한 노력으로 어떤 결과가 나타났는지, 경찰들과의 상호작용, 병원에서의 경험 등을 살펴보는 것도 도움이 될 수 있다(Burgess & Holmstrom, 1974).

초기 면담을 마치며 피해자가 지금까지 생각해 온 앞으로의 계획, 피해자 이름, 전화번호, 머물러 있는 곳의 주소, 다음 약속, 피해자가 아닌 다른 사람이 전화를 받았을 때 위기개입자를 어떤 사람이라고 말할지에 대해서 서로의 타협도 있어야 한다.

4) 가정폭력

회사에서 상사와의 일로 기분이 나빠 들어온 남편(60대 후반)이 저녁식사를 하다가 아내(60대 후반)가 말대꾸를 했다는 이유로 반찬이 든 그릇을 아내에게 던지고 아내의 머리채를 잡고 온몸을 폭행하였다. 같이 식사를 하던 딸이 경찰에 신고했고 딸을 비롯한 가족들은 이혼하라고 종용하고 있다. 남편의 폭력은 신혼 때부터 지속되어 왔다. 현재 경찰의 도움으로 쉼터로 옮겨 생활하고 있고 남편에겐 접근금지명령이 내려졌다.

① 정의와 유형

가정폭력(domestic violence)은 가족구성원 사이의 신체적, 정신적 또는 재산상 피해를 수반하는 폭력행위를 말한다. 가족구성원이란 배우자(사실혼 포함), 배우자 관계에 있었던 자, 자기 또는 배우자와의 직계존속, 비속관계(사실상 양자관계를 포함)에 있거나 있었던 자, 계부모 관계 또는 적자와 서자의 관계에 있거나 있었던 자, 동거하는 친족관계에 있는 자 등을 포함한다(가정폭력범죄의 처벌 등에 관한 특례법 제2조). 가정폭력의 형태를 기준으로 신체적 폭력, 정서적 폭력, 경제적 폭력, 성적 폭력, 방임, 통제로 유형을 나눌 수 있다(노성호, 2012). 사적인 영역에 해당되는 가정에서 일어나는 폭력이므로 피해를 입고도 신고하지 못하거나 피해 사실 노출 자체를 꺼리는 경우가 많다.

가정폭력의 유형

유형	내용
신체적 폭력	• 밀치거나 주먹으로 때리고 발로 차기 • 물건을 집어던지고 흉기로 위협하거나 폭행하기 • 머리채를 잡아끌거나 목을 조르기 • 감금이나 신체적 고통을 주는 고문행위
정서적 폭력	• 두려움, 불안, 공포로 몰아넣은 행위 • 잠을 못 자게 하기 • 가족이나 친구로부터 고립시키기 • 무시하거나 사람들 앞에서 창피 주기 • 협박
언어적 폭력	• 경멸하는 말투로 모욕감 주기 • 열등하고 무능력하다고 비난하는 말 • 큰소리로 소리 지르거나 강압적으로 말하는 등의 행위
경제적 폭력	• 강제적으로 돈을 가져가거나 통제하기 • 일을 못하게 하고 경제권을 통제하기
성적 폭력	• 폭행 후 강제적으로 성관계 갖기 • 물건이나 흉기를 사용한 강제적인 성적 학대 • 원치 않는 성적 행동을 강제하는 행위
방임 · 유기	• 치료가 필요할 때 치료를 해 주지 않는 것 • 제때 밥을 챙겨 주지 않는 것

송성자 외, 2014

② 가정폭력피해자의 증상과 특징

가정폭력피해자들은 가족 안에서 지속적으로 피해를 당해 온 경우가 많아서 경찰서에 반복적으로 신고 되는 경우가 많고, 사건처리 보다는 가해자에 대한 '경고'적인 조치로서 개입해 주기를 원하는 피해자도 있으며 위기개입이 끝나고 지속적인 심리 상담과 교육이 필요할 때도 있다.

▪ 신체적 상처와 장애

일반적으로 한 가지 이상의 신체적 상처를 갖고 있는 경향이 있다. 타박상, 골절상, 고막 터짐, 사지통증, 신경통, 만성 두통, 만성적인 피로, 소화불량 또는 위장 장애, 악성빈혈, 심장질환, 불면증, 섭식장애 등

▪ 심리·정서적 증상

불안감, 수치심과 부끄러움, 공포심, 죄의식, 우울함, 자살시도 경험, 자신감 없음, 탈진, 허무감, 분하고 억울함, 복수하고 싶은 증오심과 적개심, 혼자 있고 싶음, 무력감과 열등감, 소리에 예민함, 과민하게 반응, 불면증, 악몽에 시달림, 반복되는 생생한 회상, 기억력이 나빠지고 집중력 저하, 친정식구를 위협하는 것에 대한 두려움과 죄책감 등

▪ 사회적 증상

사회생활을 하면서 점차적으로 나타나기도 하는 어려움으로 가출, 친밀한 관계 형성 곤란, 사회적 고립, 결혼생활 부적응, 직장생활의 어려움, 직업상실, 사회적 고립 등

▪ 가족기능 장애

가정 폭력의 결과로서 나타나는 증상이지만 가해자들은 이것을 폭력의 원인으로 지적하기도 한다. 결혼생활에 대한 불안감, 역할수행의 어려움, 가사일과 자녀양육의 어려움, 성적 갈등, 부부갈등, 자녀에 대한 과잉 염려와 과잉보호, 가족관계 유지의 어려움 등을 원인으로 보기도 한다. 피해자들은 이러한 장애를 자신의 책임으로 생각하는 경우가 적지 않다(송성자 외, 2014).

③ 가정폭력이 아동에게 미치는 영향

중학교 2학년인 피해자는 가정폭력이 난무하는 것을 보며 자랐다. 술만 마시면 어머니를 때리고 소리를 지르는 아버지 때문에 어머니는 피해자가 초등학교 1학년 때부터 가출과 귀가를 반복하였다. 어머니가 가출해 있는 동안은 친척들이 피해자를 돌봤다. 피해자는 이유도 모른 채 아버지에게 맞고 집 밖으로 쫓겨 난 기억이 있고 아버지가 이혼해 응하지 않아 별거 중인 어머니와 함께 살고 있으나 어머니는 힘들 때 마다 집을 나가고 손목을 면도칼로 긋는 피해자를 버거워한다. 아버지처럼 자신을 때리며 사과한 적 없는

어머니, 길에서 봐도 아는 척도 말라는 아버지가 싫다. 피해자는 부모들이 자기네들끼리 싸우지 말고 차라리 이혼했으면 좋겠다고 생각하고 있다. 집보다 밖이 더 편하고 손목을 그어 피를 볼 때면 왠지 마음이 놓인다. 가출해 있는 동안 다른 아이들과 어울려 지나가던 중학생을 심하게 때려 보호관찰을 받고 있다.

언어적, 신체적 폭력을 당하면서 역시 폭력을 당한 여성에게서 양육되는 아동은 가장 심한 영향을 받는다(Fantuzzo et al., 1991). 가정폭력에 노출되었을 때 나타내는 즉각적인 반응에는 정서적 각성의 증가, 고통, 공격성의 증가, 학교에서의 집중력 부족, 부주의 등이 있다. 가정폭력에 장기적으로 노출되면 남아는 행동을 외면화하고 타인을 희생시키려는 경향이 더 많은 반면, 여아는 행동을 내면화하고 희생자로서 행동하는 반응을 보인다(Berman, 1993). 가정폭력에 노출되면 공감에 서툴고 타인의 고통에 대해 부적절하게 반응하며(Hinchey & Gavalek, 1982; Main & George, 1985) 폭력에 저항하는 방법을 습득하지 못하고, 폭력이 정당하다는 기제를 형성하여 폭력에 대해 허용적인 태도를 가지게 된다. 우리나라의 경우 가정폭력피해자가 대부분 여성이며, 수동적인 대응을 하는 경우가 많아 자녀에게 미치는 영향이 더욱 부정적일 것이다(신소라, 김연수, 2016). 하지만 학교에서의 성공과 긍정적인 또래관계는 폭력의 영향을 감소시킨다(Eron & Slaby, 1994).

5) 데이트폭력(Dating abuse)

몇 달 동안 사귀었던 남자친구가 피해자의 핸드폰을 뒤지고 일거수일투족을 감시하여 헤어지자고 했더니 길거리에서 피해자를 때렸다. 남자친구의 폭행은 이번이 처음이 아니다. 전에도 여러 번 손찌검을 했고 그때마다 피해자에게 잘못했다고 용서해 달라고 했다. 남자친구는 자신은 범죄전과도 있다고 한다. 신고해도 출소해서 보복할까봐 무섭다. 악몽을 꾸고 동네 사람들 보기가 창피하다.

① 정의와 특징

우리나라에서는 실무상 개념으로 데이트폭력에 대해 '부부사이가 아닌 남녀 간에 발생하는 폭행·상해·살인·성폭행·감금·약취유인·협박·명예훼손을 행하는 행동'으로 정의한다. '연인 간 폭력'이라는 명칭으로 사용하며 남녀 간에 발생하는 폭력으로 한정하고 있어 동성 커플 간의 폭력은 데이트폭력에 해당하지 않는 것으로 보고 있다.

데이트폭력은 인종, 연령, 경제수준, 사회 계층 등을 막론하고 발생하며, 가해자는 강박적으로 질투심과 소유욕이 강하며 감정 기복이 심하고 동반자를 그 가족과 친구들과 분리하려는 경향이 있다. 데이트폭력은 재범률이 높은 범죄임에도 불구하고 상대적으로 약자인 여성 피해자가 중대한 위협을 느끼는 폭력이 발생하기 전에는 신고나 도움요청에 소극적인 태도를 보이는 것은 문제를 더욱 심각하게 만든다. 피해자 상당수는 폭력의 정도가 심해지기 전까지 폭력인 줄 모르거나 폭력인지는 알지만 데이트폭력을 사소한 사랑싸움으로 여기는 사회적 분위기, 보복 당할 수도 있다는 두려움 때문에 도움을 청하거나 신고를 주저하는 경우가 많은 것으로 보인다.

② 구분과 유형별 특징

데이트 폭력의 구분과 특징

구분	특징
통제 피해	• 누구와 함께 있는지 항상 확인한다. • 옷차림을 제한한다. • 통화가 될 때까지 계속해서 전화한다. • 내가 하는 일이 자신의 마음에 들지 않으면 그만 두게 한다. • 일정을 통제하고 간섭한다. • 휴대폰, 이메일, SNS 등을 자주 점검한다. • 써클이나 모임활동을 못하게 한다. • 다른 상대를 만나는지 의심한다. • 친구들은 못 만나게 한다. • 다른 사람과 통화하지 못하게 한다.
언어적/정서적/경제적 폭력	• 욕을 하거나 모욕적인 말을 한 적이 있다. • 위협을 느낄 정도로 고함을 지르거나 소리를 지른 적이 있다. • 안 좋은 일이 있을 때는 "너 때문이야." 라는 말을 자주 한다.

	• 나를 괴롭히기 위해 악의에 찬 말을 한 적이 있다. • 화가 나서 발을 세게 구르거나 문을 세게 닫은 적이 있다. • 때리거나 물건을 부수겠다고 위협한 적이 있다. • 죽이겠다거나 가만두지 않겠다고 협박한 적이 있다. • 자신이 쓴 데이트비용을 내놓으라고 했다. • 협박이나 강요로 돈, 귀중품 등을 가져갔다.
성폭력	• 내가 원하지 않는데 얼굴, 팔, 다리 등 몸을 만진 적이 있다. • 내가 원하지 않는데 성관계를 강요한 적이 있다. • 내가 원하지 않는데 음담패설을 한 적이 있다. • 애무를 하도록 강요한 적이 있다. • 포르노에 나오는 원치 않는 행동을 강요한 적이 있다. • 싸우고 난 후 키스나 성관계와 같은 신체적 접촉을 통해 무마하려고 한 적이 있다. • 내가 원하지 않은 성관계 동영상이나 나체 사진을 찍은 적이 있다.
신체적 폭력	• 팔목이나 내 몸을 힘껏 움켜잡았다. • 나를 세게 밀친 적이 있다. • 내 팔을 비틀거나 머리채를 잡은 적이 있다. • 나의 뺨을 때린 적이 있다. • 나를 발로 찬 적이 있다. • 나의 목을 조른 적이 있다. • 나를 심하게 마구 때린 적이 있다. • 상대의 폭행으로 인해 병원에 가서 치료를 받았다. • 자해하겠다고 하거나, 실제로 자해한 적이 있다. • 흉기로 나를 위협한 적이 있다.

손문숙·조재연(2016)

③ 심리적 영향과 반응

데이트폭력 피해가 발생한 직후 무슨 생각이 들었느냐는 질문에 응답자의 38.9%는 '폭력이라는 생각은 들지 않았다.', 32.1%는 '나를 사랑한다고 느꼈다.'라고 하였다. 이처럼 피해자들이 자신의 피해에 대해 폭력적이라고 정확하게 인식하지 못하는 경우가 많았다. 성적 폭력 피해 이후에는 '폭력이라는 생각은 들지 않았다.'(29.3%), '창피했다.'(28.9%)고 답을 하는 것처럼 피해자들이 성폭력에 대한 인식이 분명하지 않거나 자신의 잘못이나 문제로 받아들이는 것이 높음을 알 수 있었다. 신체적 폭력 피해의 경우에는 '점점 무섭고 두려워졌다.'(44.4%)고 응답했으며, 언어적·정서적·경제적 폭력 피해 이후에는 '헤어지고 싶었다.', '상대에 대해 화가 나고 분노가 치밀었다.'는 반응이 각각 40.1%로 가장 높았다(한국여성의 전화, 2016).

데이트폭력이 발생하는 연인관계의 단절이 쉽지 않다는 점과 서로의 취향이나 생활패턴을 잘 알고 있기 때문에 한 번의 폭력으로 끝나는 경우는 드물다. 그리고 지속적이고 반복적인 피해가 이루어져 일상의 균형을 깨뜨리고 심각한 후유증이 남게 된다. 또한 데이트폭력은 친밀한 관계에 있는 사람으로부터 폭력을 당하기 때문에 그 결과로 생겨난 심리적 손상이 다른 범죄의 원인으로 발전할 가능성도 가진다고 할 수 있다. 피해자들이 불안과 우울로 인해 외상 후 스트레스 장애(PTSD)로 진단을 받는 경우는 84%에 달하며, 우울증에 걸릴 확률도 일반인보다 10배 정도 높다.

④ 가정폭력과 데이트폭력 피해 관련 이론

▪ 가부장제 이론

가부장제 이론(theory of patriarchy)에서는 페미니스트 관점을 기초로 여성학대를 가부장적 사회 구조의 산물로 보고 있다. 가부장적 사회구조가 남성특권과 구조적 불평등을 만들어 내고 있으며, 이러한 불평등이 여성의 사회적 권력을 결핍시킨다고 설명하고 있다(Hunnicur, 2009). 가부장적 관점에서의 논의는 데이트폭력의 피해와 함께 우리나라에서 데이트폭력이 심각하게 다루어지지 않는 현실을 설명하기에 적합하다. 특히 아동기에 가정폭력에 노출되거나 학대경험을 한 사람일수록 가부장제의 폭력적 태도를 수용할 가능성이 높으며, 이는 다시 성인 이후의 데이트폭력이나 가정폭력에 대해 동일한 형태를 형성할 가능성이 높다는 논리가 가능해진다. 이는 폭력의 가해 측면뿐 아니라 피해의 측면 모두에 해당된다.

▪ 학습된 무기력

학습된 무기력(learned helplessness)은 가정폭력과 데이트폭력에 대한 가부장제 이론에서의 설명을 발전시키고 있다. 데이트폭력의 피해자는 폭력의 상황에서 무력하거나 심각한 경우에는 무관심하다고 여겨지기도 한다. 학습된 무기력 이론에서는 이러한 무기력의 원인을 피해자 자신의 환경에서 찾으려고 하며, 그 환경은 가부장적 사회제도에서 일부 비롯되었다고 설명할 수 있다. Walker에 따르면 데이트폭력이나 가정폭력을 당하는 피해여성은 대부분 학습된 무기력으로 고통받고 있으며, 이러한 학습된 무기력은 대개 과거의 경험에서 나온다고 주장하고 있다. 피해자는 자신에게 발생하는 폭력적인 상황에 대해 통제할 수 없다고 믿게 되고 이러한 인식이 쌓이게 되어 자신의 환경을 바꾸지 못할 것이라는 믿음을 가지게 된다는 것이 학습된 무기력이 데이트폭력 피해를 설명하는 논리이다(Doerner & Lab, 2011). 학습된 무기력은 데이트폭력의 반복피해를 설명하기에 중요한 시사점을 제공해 준다(신소라, 김연수, 2016).

▪ 폭력의 대물림이론

폭력의 대물림이론(cycle of violence theory)은 폭력의 세대 간 전이(intergenerational transmission of violence)의 개념을 설명하는 이론이다. 폭력의 대물림이론에 따르면 폭력행위는 가정 내에서 학습되며, 한 세대에서 다음 세대로 전해지는 것으로 설명하고 아동기의 피학대경험이 성인기의 폭력성향을 갖게 한다는 것으로 본다.

실제 아동기를 폭력적 부모와 함께 보낸 남성의 경우 이성 친구에게 폭력적 성향을 보이거나, 여성에 대한 성적 강제 및 배우자를 폭행하는 경향이 나타난다(Simons, Lin, & Gordon, 1998). 그리고 이러한 폭력성의 대물림은 가해의 측면뿐 아니라 피해의 측면에서도 설명이 가능하다. 즉, 학대적인 부모의 양육을 받은 여성이 배우자 폭력의 피해자가 될 가능성이 높다는 것이다(Stith, Rosen, McCollun, & Thomsen, 2004). 이처럼 아동기 피학대 경험이 있는 여성이 성인이 되어서도 폭력적 배우자를 만나게 될 가능성이 높다는 것을 여성의 '이중위기(double jeopardy)'라고 부르기도 한다(노성호 등, 2012). 폭력의 대물림이론은 가정폭력의 순환과정을 설명하는 데 적절하고, 데이트폭력에 있어서 아동기의 학대경험이 갖는 의미를 강조한다.

▪ 폭력허용도(acceptance of interpersonal violence)

폭력허용도(acceptance of interpersonal violence)란 대인관계에서 나타나는 폭력에 대한 허용 정도(조윤오, 2010)를 의미한다. 폭력허용도 이론에서는 가부장적 이데올로기나 성고정관념 등에 의해 폭력 상황을 자연스러운 것으로 인식하거나 폭력에 대해 허용적인 태도를 형성하게 되는 것으로 본다. 또 폭력허용도가 높아질 경우 폭력행사 가능성은 물론 폭력수용 가능성도 높아지는 결과를 가져온다. 특히, 친밀한 관계에서의 경미한 수준의 신체적·언어적 폭력을 묵인하는 관대한 태도는 보다 심각한 폭력관계로 나아가게 만드는 요소가 된다(정소영 외, 2011).

범죄학적 이론에서는 가정폭력의 피해자가 폭력에 대하여 관대한 태도를 갖게 됨으로써 데이트폭력의 피해에도 둔감해지거나 쉽게 수용하는 자세를 갖게 될 수 있다고 본다. 아동기와 청소년기를 통해 형성된 폭력허용은 대인관계, 특히 친밀한 파트너에 대한 관계유지에 있어서 하나의 의사표현 수단으로 폭력을 사용하는 데, 혹은 폭력을 받아들이는 데 익숙하게 한다(신소라, 김연수, 2016; 정소영, 임채영, 이명신, 2011). 청소년을 내상으로 진행된 연구에서도 폭력을 사용하지 않는 학생들보다 폭력을 사용하는 학생들이 폭력에 대한 태도가 관대한 것으로 나타났다(Heather & Bangie, 1997).

6) 강도

새벽에 택시에 탄 남녀 손님이 차안에서 서로 욕설을 하며 싸우는 것 같더니 갑자기 택시기사(50대 후반)를 폭행하고 현금을 강탈해갔다. 피해자는 하루 종일 번 돈도 빼앗기고 치아도 몇 개 빠지고 온몸을 다쳐 입원 치료를 받았다. 강도들이 도망가며 택시를 발로 차서 자동차 문짝도 찌그러지는 피해를 입었다. 자신의 처지를 위로해 주지 않는 택시회사도 원망스럽고 3년 전에도 비슷한 사건을 겪었는데 또 이런 일을 당해 어떻게 해야 할지 막막하다.

강도 피해는 다른 범죄피해에 비해 발생 빈도는 낮지만, 심리적 상처 치유엔 시간이 오래 걸린다(Maguire & Corbett, 1987). 가장 많이 느낄 수 있는 정신적 고통은 주로 분노와 수치심이라 할 수 있다. 남성 피해자의 경우 모욕감과 자아상실감이 초래될 수도 있고, 때로는 증오심이 강하게 나타날 수도 있다. 남성 피해자는 여성 피해자에 비해 더욱 큰 분노와 복수심을 보이며, 가해자에게 더 큰 적개심을 보인다. 때로는 피해자가 범죄를 결코 막을 수 없다는 것을 인정하며 무기력감을 느끼기도 한다. 이러한 무기력감은 무감각하고 수동적인 부정적 자아상을 만들기도 한다(이윤호, 2007). 강도사건 중에서 침입강도가 약 33.3%이므로 가정도 안전지대가 아니라는 공포심 때문에 보안방법에 지출이 따를 것이다. 특히 64.6% 정도가 밤 또는 새벽시간에 강도피해가 발생한다는 점에서 불안으로 인한 수면장애가 예상되며, 노상강도가 16.7%라는 점에서는 혼자 길거리를 다니는 것에 대한 두려움이 나타날 수 있다(채정호, 2010).

7) 아동학대

피해자는 초등학교 6학년생으로 교육열이 높은 어머니와 보수적인 아버지에게서 과도한 기대를 받으며 성장하였다. 맏이에 대한 기대가 컸던 부모님은 학원도 수강료가 비싼 곳으로 보냈고 기대한 만큼의 성적이 나오지 않으면 욕설을 퍼붓고 사정없이 폭행을 가하였다. 가정에서 대걸레, 먼지떨이, 몽둥이 등 도구를 가리지 않고 맞으며 성장하던 피해자를 보고 친척들이 부모님에게 그러지 말라고 권유한 적도 있다. 병원에서 치료를 받아야 할 정도로 심한 상처를 입은 경우도 있었다. 학교에서 인권교육을 받고 나서 자신이 학대받고 있다는 것을 안 피해자가 학교에 신고하였다.

① 아동학대의 정의

아동학대는 "보호자를 포함한 성인에 의하여 아동의 건강·복지를 해치거나 정상적 발달을 저해할 수 있는 신체적·정신적·성적 폭력 또는 가혹행위 및 아동의 보호자에 의해 이루어지는 유기와 방임"(아동복지법 제2조 제4호)으로 정의하고 있다. 가정폭력 가운데 아동학대(child abuse)는 부부간의 폭력 이상으로 빈번하게 발생하는 유형이다.

② 아동학대의 영향

- 신체적·정서적·사회적 정상적인 발달 저해
- 청년기 및 성인기의 삶에도 지속적인 부정적 영향을 초래
- 자신의 잘못 때문에 부모에게 학대를 받게 된 것이라고 생각하여 낮은 자아 존중감
- 대인관계의 어려움
- 직접적인 신체적 손상
- 우울, 사회적 위축 등의 내면화 문제
- 공격성, 비행, 주의집중문제 등과 같은 외현화 문제
- 학교생활 부적응: 학업성적, 학교규칙, 학교 내 대인관계 등 학교생활 적응에 어려움
- 매 맞는 아이 증후군(battered child syndrome)
  반복적인 신체적 학대로 인해 외상 후 스트레스성 장애 등을 경험 (Toffel, 1996).

③ 아동학대 유형별 분포

아동학대를 유형별로 구분하면 정서학대 40.0%, 신체학대 36.9%, 방임 20.3%, 성학대 2.9%이며, 학대행위자는 부모에 의해 발생한 경우가 81.8%로 가장 많다(보건복지부, 2015).

8) 학교폭력

피해자는 중학교 2학년 여학생으로 학교에서 왕따를 당하던 친구와 친하게 지낸다는 이유로 다른 아이들에게 따돌림을 당하고 폭행을 당하였다. 먼저 왕따를 당하던 아이를 옆에서 봐왔던 터라 더 심한 왕따를 당하게 될까봐 학교 가는 것이 두려워 자퇴를 하고 싶어 한다. 하지만 자퇴하면 또래관계를 제대로 할 수 없다고 걱정하는 부모님 때문에 이러지도 저러지도 못하고 있다. 너무 힘들어서 자해를 하기도 했고, 교실 난간에 올라가서 자살할 생각도 했었다.

학교폭력에는 언어폭력, 집단따돌림, 신체폭행, 스토킹, 사이버 괴롭힘, 금품갈취, 성추행, 성폭행, 강제심부름 등이 있으며 오프라인 폭력과 사이버 폭력이 모두 포함된다.

사이버폭력을 경험할 경우 심리적으로 더 취약해질 수 있으며 심각한 경우 자살로까지 이어지고 더 나아가 성인기까지도 정상적인 사회화 과정에 어려움을 주기 때문에 사이버폭력이 학교폭력보다 더 심각한 사회문제로 인식되고 있다(Roman & Rice, 2007; 김은주, 정명진, 2016 재인용)

한국인터넷진흥원(2016)의 2015년 사이버폭력 실태조사에 따르면 사이버폭력 가해경험이 있는 학생들 중 51.7%가 피해경험이 있으며 사이버폭력 피해경험이 있는 학생들 중 47.4%가 가해경험이 있는 것으로 나타났다. 조사대상자들 중 31.9%는 평소 알던 사람으로부터 56.7%는 실제 누구인지 모르는 사람으로부터 사이버폭력 피해를 경험하였으며 47.1%는 평소 알던 사람에게 48.9%는 실제 누구인지 모르는 사람에게 사이버폭력 가해를 하였다. 즉, 사이버폭력 피해와 가해가 외국과 같이 혼재하고 그 대상도 아는 사람과 모르는 사람 구분 없이 이루어지고 있다. 학교폭력을 당하던 청소년이 학교폭력에서 벗어나기 위해 가해자가 되기도 하고, 또래집단에서 피해를 당하는 청소년이 자신보다 약한 상대에게는 오히려 가해자의 역할을 하는 피해와 가해가 반복되는 현상을 나타내고 있다는 것이다(조정실, 차명호, 2010). 지난 6개월 이내에 학교폭력 피해를 경험한 청소년이 사이버폭력 피해자가 될 가능성이 2.5배나 높다.

① 학교폭력의 피해자가 겪는 어려움(김경은, 최은희, 2017)

- 발달의 어려움
- 분노와 복수심
- 심리적 위축
- 대인관계와 학업성취도가 더 낮아 온라인에서도 피해를 빈번하게 경험
- 온라인에서 괴롭힘을 당한 경우 정신적인 상처가 오래가며 불안감과 공포감, 무단결석, 자살충동의 감정을 느끼는 것(이창호 외, 2014)

- 학교폭력 피해로 인해 위축되어 있는 청소년들이 온라인에서는 비대면성, 익명성, 안전성, 용이성으로 인해 가해로 감정표출하기 쉽다.

② 학교폭력가해피해 집단이 겪는 심리적 문제(성지희, 정문자, 2007).

- 분노, 공격성, 우울, 불안, 사회적 위축, 낮은 자존감
- 부족한 자기통제
- 적대적인 귀인양식과 부정적인 자기지각
- 주의 산만 행동
- 학업부진
- 폭력, 자살, 약물복용
- 분노와 공격성, 폭력행동의 학습으로 인해 자신보다 약한 학생에게 폭력행사

5. 범죄피해자들에 대한 위기개입의 특징

범죄피해자들에 대한 위기개입도 일반적인 위기개입과 비슷하지만, 범죄 피해의 특성상, 피해자가 겪은 범죄의 원인에 대해 알아야 왜 범죄가 일어났는지를 이해하고, 이런 일이 재발하는 것을 방지할 수 있으므로 피해자가 신중하게 범죄 예방 행동을 하도록 지지해 주는 것도 필요하다. 피해자의 상호작용은 피해자의 사건 후 적응에 중요한 역할을 하므로(문성원, 2010), 위기개입자는 이에 대한 적절한 전문지식과 기술들을 알고 시행할 수 있어야 한다. 또한 피해상황 파악을 위한 질문들이 조사받는 것처럼 느껴지지 않도록 조심해야 한다.

6. 회복에 영향을 미치는 요인들

범죄피해는 여성, 높은 연령의 사람, 교육 수준이 낮은 사람, 배우자 사별자, 주거가 불안정한 사람, 혼자 사는 사람, 직업이 없는 사람, 수입과 사회적 지위가 낮은 사람일수록, 즉 사회적 연결망이 좁고 지지자가 적을수록 심리적 피해나 후유증이 더 크다고 볼 수 있다(최인섭, 이순래, 조균석, 2006).

피해자가 피해를 극복하는 능력은 개인마다 상당히 차이를 보인다. 개인의 성격적 특성, 사회적 기술, 연령, 성별, 재정적 및 사회적 자원, 인지적·감정적 발달수준, 세상에 대한 인식, 기존의 피해극복 경험(Grabosky, 1989; Davis et al., 1996; 노성호, 2000 재인용), 외상의 경험 이후에 피해자가 받는 사회적 지원의 질이 범죄이후의 적응에 큰 영향을 미친다(노성호, 2000). 또한 증인으로 법정에 출석해야만 할 때 직면하는 가해자의 보복에 대한 두려움 같은 지속적인 안전 위협 요소들이 회복에 영향을 미친다(김태경, 2015).

7. 평가도구

1) 범죄피해영향평가

범죄피해자를 대신한 전문가가 피해자의 신체적, 경제적, 심리적, 사회적, 2차 피해를 종합적으로 평가한 후, 그 결과를 사건기록부에 첨부하는 것을 주요 내용으로 하는 제도이다. 이는 피해 충격으로 자신의 입장을 적극 피력하기 어려운 피해자의 여건을 고려하여 사건 발생 초기부터 전문가가 피해자를 조력하여 형사절차에 피해자 입장을 반영하는 것으로 이를 효과적으로 실현하고 피의자의 방어권 침해를 최소화하기 위해 검증된 심리검사 도구와 구조화된 보고서 양식 등 객관화된 평가도구를 활용한다. 이는 수사·공판 단계에서 피해자의 법적 지위 및 권리 제고에 기여할 수 있고, 전문가와의 면담 실시 과정에서 범죄피해자의 회복 및 치유에 도움을 주는 효과를 기대할 수 있다. 살인, 강도, 중상해 피해자, 각종 치사사건 및 일부 치상사건의 피해자, 장기간 지속된 데이트폭력, 상습 가정폭력, 스토킹, 사회 취약계층을 대상으로 한 경제범죄 피해자를 대상으로 한다(경찰청, 2016).

2) 사건충격 척도(IES-R: Impact Event Scale-Revised)

PTSD를 평가하는 자기보고식 검사로 Horowitz, Wilner, Alvarez(1979)가 심각한 재난을 경험했거나 사건 사고를 당했을 때 경험하는 증상을 평가하기 위해 개발했던 것을 Weiss와 Marmar(1997)가 DSM-Ⅳ 진단기준을 반영하기 위해 과각성 증상을 포함시켜 22문항으로 추가·보완하여 만든 선별도구이다.[1] 한국판 IES-R은 5점 척도의 4개 요인(과각성 6문항, 회피 6문항, 침습 5문항, 수면 장애 및 정서마비·해리증상 5문항)으로 구성되어 있다. 점수가 높을수록 사건충격이 큰 것을 의미하며, 18점 미만은 non PTSD, 19~24점은 partial PTSD로 normal 범주로 분류하며, 25점 이상부터는 full PTSD로서 25~39점은 mild/moderate 수준, 40~59점은 severe 수준, 60점 이상은 very severe 수준으로 분류한다.

3) 개인성격검사(PAI: Personality Assessment Inventory)

PAI는 Morey(1991)가 개발한 객관적 자기보고식 질문지로 성인의 다양한 성격특성 및 심리증상을 측정하기 위해 구성된 성격검사로서 성격상의 문제를 진단하고 위험성을 평가하는 도구이다. PAI-S는 단축형으로서 168문항으로 구성되어 있으며, 4개의 타당성 척도와 11개의 임상 척도, 5개의 치료고려 척도, 2개의 대인관계 척도를 포함해 총 22개의 척도로 구성되어 있다. 4점 리커트 척도로 되어있고, 환자집단, 정상인의 성격 판단 모두에 유용하다(오상우, 박은영, 홍상황, 2012).

---

1) 〔별첨 1〕

4) 외상 후 위기 체크리스트(PRC: Posttvauma Risk Checklisk)[2]

만 18세 이상 성인을 대상으로 하며 PTSD 위기 수준변별을 위한 자기보고식 평가척도이다. 외상사건 이후 개인이 지니고 있는 PTSD 위험요인 유무를 다각적인 측면에서 확인하여 추후 PTSD로 진전될 위험이 높은 사람들을 선별하는 데 사용한다. 사건 발생 한 달 이후에 PTSD 증상이 발병한 이후라도 필요한 영역에 대한 정보를 얻는 데 활용할 수 있으며 개인 영역, 외상 영역, 회복 환경 영역 등 총 3가지 하위 영역으로 구성되었고 총 53문항이며 '예.', '아니오.'로 응답한다. 16점 이하는 '저위기 수준(PTSD 없음)', 17~26점은 '중위기 수준(외상 후 부분 또는 full PTSD로 진전 및 증상 심각도는 낮거나 중간 수준일 가능성이 높음)', 27점 이상은 '고위기 수준(외상 후 부분 또는 full PTSD로 진전 및 증상 심각도는 심할 가능성이 높음)'으로 구분한다.[3]

5) 피해자 욕구조사표[4]

피해자욕구조사표는 피해자가 겪고 있는 어려움의 내용, 피해자반응기록표, 피해자가 요청하거나 긴급히 요구되는 사항으로 구성되어 있다(이수정, 2015). 각 변수 내의 항목별로 체크여부에 따라 0과 1로 값을 정하고 각 변수별로 2이상의 값을 복합내용이나 복합반응으로 볼 수 있다(공정식, 2015).

2) 〔별첨 2〕
3) 〔별첨 3〕
4) 〔별첨 4〕

III

피해자 위기개입 모델
(SAFER−R MODEL)

다양한 유형의 범죄에 노출되어 위기를 경험하고 있는 피해자들을 위한 위기개입을 SAFER−R 모델을 토대로 한 위기개입을 중심으로 살펴보고자 한다.

위기개입 모델인 SAFER−R모델은 다음과 같은 단계와 각 단계에서 수행해야 하는 역할들이 정해져 있는데 구체적으로 살펴보면 아래와 같다.

- S, 안정화: 위기개입자 소개, 비밀보장, 진행과정에 대해 이야기하기
- A, 위기 인정하기: 피해상황 평가(심리사회적, 경제적, 신체적, 2차적 피해)
- F, 이해 촉진하기: 정상화, 타당화하기, 상황에 대한 반응의 이해와 탐색
- E, 효과적인 대처 권장하기: 이전의 대처전략, 현재 대처자원 탐색, 외부 지지체계 확인
- R, 회복/연계: 정보제공, 전문가에게 의뢰, 추후관리 계획

아래에 제시되어 있는 사례에서 위기에 처한 피해자에게 위기개입자가 SAFER−R모델을 기반으로 하여 위기개입을 한다면 다음과 같이 할 수 있을 것이다.

○○ 씨는 30대 초반의 작은 회사 사무직원이며 초등학교에 들어가기 전 아버지를 여의고 어머니(50대 중반)와 함께 살아왔으며 다른 형제는 없다. 어머니가 몇 년 전 재혼을 하면서 집을 떠나, ○○ 씨는 어머니랑 살았던 집에서 혼자 살고 있었고 주 1회 정도 어머니가 찾아와 함께 식사도 해 왔다. 그러던 어느 날 어머니가 노상강도에게 핸드백을 빼앗기지 않으려고 저항하다가 피살되었다는 소식을 경찰을 통해 듣게 되었다. 어머니가 이미 재혼을 하였으므로 법적인 권리는 어머니의 남편에게 있었으나 ○○ 씨의 어려운 처지를 알게 된 경찰이 어떻게 하든 ○○ 씨를 돕고자 상담을 의뢰해 왔다.

1) S: 안정화(Stabilize)

"안녕하세요, 저는 ○○위기상담센터의 위기개입자 ○○○입니다.
갑작스레 어머니가 황당한 일로 돌아가셔서 얼마나 힘드십니까?
장례는 잘 치르셨습니까?
지금 정말 경황이 없으시겠으나 ○○ 씨가 이번 사건으로 너무 힘들어서 일상생활에 어려움을 겪지나 않을지 걱정되어 돕고자 합니다.
저는 경찰의 의뢰로 나오게 되었지만, 조사나 수사를 하는 사람은 아닙니다. ○○ 씨가 심리적 충격에서 벗어나고 일상생활을 잘 적응하며 살 수 있도록 도울 방법은 없는지 함께 찾아보려고 합니다.
저와 ○○ 씨가 하는 모든 이야기는 비밀이 보장됩니다. 그러나 혹시 ○○ 씨가 너무 힘들어서 자살하려고 하거나 다른 사람을 해하고자 하는 경우엔 ○○ 씨를 보호하기 위해서 비밀을 보장할 수 없습니다.
○○ 씨가 지금 얼마나 힘든지, 어떤 어려움들을 겪고 있는지 함께 이야기할 것입니다.
어떻습니까, 해보시겠습니까?"

2) A: 위기 인정하기(Acknowledge the crisis)

"어머니의 사건으로 어떻게 충격을 받으셨는지 이야기해 주시겠어요?
지금, 제일 힘든 점은 무엇이지요?

혹시, 충격으로 몸에 이상이 오거나 하진 않으셨나요?
○○ 씨 식사는 어떻게 하고 계시나요? 혹시 식사도 제대로 못하고 계시는 건 아닌지 걱정됩니다.
수면은 어떤가요? 잠이 안 오거나, 자다 깨거나 하지는 않는지요?
잠이 안 올 때, 어떻게 해결하시지요?
사건에 대한 충격으로 사람들 만나기를 회피하거나, 어머니가 일하던 장소를 못 가거나 하진 않으신지요?
사소한 자극에도 깜짝깜짝 놀라지는 않으시는지요?"

3) F: 이해 촉진하기(Facilitate Understanding)

"그 일로 정말 힘드셨겠어요.
지금 ○○ 씨가 겪고 있는 일들은, 갑작스런 상황을 맞은 사람들이 보이는 지극히 정상적인 반응입니다.
그런 끔찍한 일을 겪었는데 어떻게 변화가 없겠어요?
그런 힘든 일이 내게 일어났다는 사실을 받아들이는 것이 너무 힘들어서 여러 가지 반응이 일어나는 겁니다.
시간이 지나면 그런 증상들은 대부분 사라질 겁니다. 사람들마다 다르지만 어떤 사람은 회복에 오랜 시간이 걸리기도 합니다.
그런 증상들에서 빨리 회복될 수 있도록 제가 도움이 되어 드리겠습니다."

4) E: 효과적인 대처 권장하기(Encourage Effective Coping)

"이번 일은 너무 황당하지만, 혹시 이전에도 커다랗게 충격을 받은 적은 있으신가요?
그때는 그 충격에서 어떻게 벗어날 수 있었나요?
어떨 때, ○○ 씨는 가장 마음이 편안해지시나요?
감정이 복받쳐 오를 때는 어떻게 해소하시나요?
저랑 같이 호흡법을 연습해보면 어떨까요? 지금 배운 호흡법을 혼자 있을 때도 집에서 직접 해 보시면 큰 도움이 될 것입니다.
주변에 ○○ 씨에게 도움이 될 만한 사람이 있을까요?
이번 사건을 알고 난 후, 가장 먼저 누구에게 연락하셨지요?
지금 많이 힘드시겠지만, 건강을 꼭 챙기시고, 식사를 거르지 않아야 합니다. 배고픔은 더 기분을 저하시키고 우울하게 만듭니다.
저녁에 잘 주무실 수 있도록 자기 전에 따뜻한 물에 발을 담그는 것도 좋은 방법입니다."

5) R: 회복/의뢰(Recovery/Refer)

"혼자 있기가 어려울 때나 몹시 우울할 때는 주변 사람들의 도움을 받아도 됩니다. 혹시 연락하거나 같이 지낼 수 있는 친구가 있으신지요?
그 친구랑 얼마나 자주 연락하시나요? 어떻게 말씀을 하실 건가요?
지금, 여기서 한번 표현해 보시겠어요?
○○ 씨가 원하신다면, 피해자지원협회나 피해자지원센터, 상담센터, 병원 등을 연결해 드릴 수 있습니다. 어떠신가요?"

[별첨 1] 사건충격 척도(IES-R) 개정판

※ 아래의 문항은 스트레스를 주는 사건을 경험한 후 사람들이 겪는 어려움에 관한 것입니다. 사건과 관련하여 지난 일주일 동안 얼마나 경험했는지 각 문항에 표시하여 주십시오.

문항		심각도				
		0	1	2	3	4
		전혀 없다	약간 있다	가끔 있다	많이 있다	극심히 있다
1	그 사건을 떠올리게 하는 것들이 그때의 감정을 다시 불러일으켰다.					
2	나는 수면을 지속하는 데 어려움이 있다.					
3	나는 다른 일들로 인해 그 사건을 생각하게 된다.					
4	나는 그 사건 이후로 예민하고 화가 난다고 느꼈다.					
5	나는 그 사건에 대해 생각하거나 떠오를 때마다 혼란스러워지기 때문에 회피하려고 했다.					
6	내가 생각하지 않으려고 해도 그 사건이 생각난다.					
7	그 사건이 일어나지 않았거나, 현실이 아닌 것처럼 느꼈다.					
8	그 사건들을 상기시키는 것을 멀리하며 지냈다.					
9	그 사건의 영상이 마음속에 갑자기 떠오르곤 했다.					
10	나는 신경이 예민해졌고, 쉽게 깜짝 놀랐다.					
11	그 사건에 관해 생각하지 않기 위해 노력했다.					
12	나는 그 사건에 관하여 여전히 많은 감정을 갖고 있다는 것을 알지만 신경 쓰고 싶지 않았다.					
13	그 사건에 대한 나의 감정은 무감각한 느낌이었다.					
14	나는 마치 사건 당시로 돌아간 것처럼 느끼거나 행동할 때가 있었다.					
15	나는 그 사건 이후로 잠들기가 어려웠다.					
16	나는 그 사건에 대한 강한 감정이 물밀듯 밀려오는 것을 느꼈다.					
17	내 기억에서 그 사건을 지워버리려고 노력했다.					

18	나는 집중하는 데 어려움이 있었다.					
19	그 사건을 떠올리게 하는 어떤 것에도 식은 땀, 호흡곤란, 오심, 심장 두근거림 같은 신체적 반응을 일으켰다.					
20	나는 그 사건에 관한 꿈들을 꾼 적이 있었다.					
21	내가 주위를 경계하고 감시하고 있다고 느꼈다.					
22	나는 그 사건에 대해 이야기하지 않으려고 노력했다.					

[별첨 2] 외상 후 위기 체크리스트(PRC)

피해자명		사건 일시		평가 일시	

※ 다음은 당신이 경험한 충격적인 사건과 관련된 경험에 대한 질문입니다. 문항을 읽고 V 표 하십시오. (1) 질문지 (1~16번)는 충격적 사건 당시를 떠올리며 작성해 주시고, (2) 질문지 (17~53번)는 충격적 사건 이후를 떠올리며 경험한 것을 박스에 작성해 주시기 바랍니다.

문항	(1) 충격적 사건 당시 경험 (1~16번)	예	아니요
1	현기증이 나서 어지러웠다.		
2	몸이 부들부들 떨리고 소름이 끼쳤다.		
3	구역질 또는 복통을 경험했다.		
4	몸에서 열 또는 오한을 느꼈다.		
5	몸이 무감각하고 얼얼하게 느껴졌다.		
6	숨이 가쁘고 숨 막히는 경험을 했다.		
7	가슴의 통증으로 고통스러웠다.		
8	사건 당시 심장이 빨리 뛰어 가슴 두근거림을 자주 느꼈다.		
9	느린 화면을 보는 것처럼 시간이 느리게 가던 순간을 경험, 또는 빠르게 화면을 돌려보는 것처럼 시간이 빨리 가던 순간을 경험하였다.		
10	몸의 감각은 둔하게 느껴지고 머리는 멍하게 느껴졌다.		
11	나는 마치 꿈속에 있는 것 같았다.		
12	나는 무력감을 느꼈다.		
13	누군가가 심각하게 다치거나 죽을 수도 있다는 생각을 했다.		
14	나는 분노를 느꼈다.		
15	나는 역겨움을 느꼈다.		
16	나는 혼란스러웠다.		
문항	(2) 충격적 사건 이후 경험 (17~53번)	예	아니요
17	내 인생을 송두리째 뒤흔든 심각한 사건이다.		
18	내 인생 전반에 걸쳐 영향을 미친 사건이다.		
19	그 사건은 앞으로의 내 인생에 계속해서 영향을 미칠 것이다.		

20	세상 어디에도 안전한 곳은 없다는 생각을 했다.		
21	그 사건이 일어난 장소에 다시 간다면 또 다른 사고가 발생할 것 같은 생각이 들어 피한다.		
22	곧 또 다른 나쁜 일이 닥칠 거라는 생각이 들었다.		
23	'만약에 ~했더라면' 하는 생각을 자주 했다.		
24	내가 그 사건을 막을 방도를 찾을 수 없다면 그와 같은 사건이 다시 발생할 것 같았다.		
25	나는 죄책감을 느꼈다.		
26	사건 발생 후 둔감해진 내 감정 때문에 나는 더 이상 다른 사람들과 관계를 맺을 수가 없을 것이라고 생각했다.		
27	불쑥불쑥 떠오르는 사건에 대한 기억과 사건에 관한 악몽을 결코 극복할 수 없을 거라고 생각했다.		
28	사건 이후로 집중하기 힘든 것을 보면서 나의 뇌가 손상됐을지도 모른다는 생각을 했다.		
29	그 사고 이후로 내 인생은 되는 일이 없다고 생각했다.		
30	결코 이전의 평범한 삶으로 되돌아갈 수 없을 거라고 생각했다.		
31	스트레스를 더 많이 받게 되면 심장마비가 올 수 있다고 생각했다.		
32	사건 이후에 사건과 연관된 것들을 떠올리면 수치심을 느꼈다.		
33	그 사건에 연관된 것 또는 사람이 떠오르면 분노를 느꼈다.		
34	그 사건을 내 인생에서 깨끗이 지워버리고 싶었다.		
35	화가 폭발할 때면 내 성격이 더 나쁘게 변하고 있다는 생각이 들었다.		
36	내가 나의 감정을 확실히 조절하지 못한다면 나는 폭발하여 다른 사람들을 불쾌하게 만들 것이라고 생각했다.		
37	앞으로 나에게 위험한 상황이 닥치게 되면 잘 대처할 수 없을 것 같다고 느꼈다.		
38	내 자신이 패배자처럼 느껴졌다.		
39	내 자신이 약한 존재라고 느껴졌다.		
40	나는 아무짝에도 쓸모없는 사람이라는 생각이 들었다.		
41	내 자신에 대해서 분노를 느꼈다.		
42	나는 다른 사람을 믿을 수 없을 것 같다고 느껴졌다.		
43	다른 사람들은 나쁜 의도를 지니고 있을 거라고 생각했다.		

44	이 세상에 정의는 없다고 생각했다.		
45	이 세상은 악으로 가득 차 있다고 느꼈다.		
46	내가 친근하게 느낄 수 있는 사람이 아무도 없었다.		
47	내가 필요로 할 때 곁에 있어 줄 수 있는 사람이 내 주위에 없었다.		
48	나의 기쁨과 슬픔을 함께 나눌 수 있는 사람이 없었다.		
49	나의 어려움에 대해서 이야기할 수 있는 사람이 없었다.		
50	다른 사람들이랑 어울리기보다 혼자 있으려고 했다.		
51	가족들은 내가 그 사건에 대해서 이야기하는 것을 싫어했다.		
52	나는 사건에 관한 생각을 피하고자 술을 마셨다.		
53	나쁜 감정 혹은 좋은 감정이든지 간에 감정을 불러일으키게 만드는 것을 피했다.		

▶ 피해자가 검사를 끝낸 경우 위기개입자는 피해자가 답변한 부분들에 대하여 구체적으로 추가적인 질문을 하고 별도로 메모를 해둔 후 외상심리평가서 작성 시에 참고합니다.

출처: 한국피해자지원협회 피해심리상담 지원 매뉴얼

[별첨 3] PRC 척도점수 해석

<table>
<tr><th colspan="2">영역 구분</th><th>하위 영역</th><th>세부 영역</th><th>문항 번호</th><th>점수</th></tr>
<tr><td rowspan="13">개인 영역</td><td rowspan="4">외상 당시</td><td rowspan="2">인지 반응</td><td>해리반응</td><td>9+10+11</td><td></td></tr>
<tr><td>외상이후</td><td>13</td><td></td></tr>
<tr><td>정서 반응</td><td>부정적 정서적 반응</td><td>12+14+15+16</td><td></td></tr>
<tr><td>신체 반응</td><td>신체 과각성</td><td>1+2+3+4+5+6+7+8</td><td></td></tr>
<tr><td rowspan="9">외상 이후</td><td rowspan="2">외상과 관련된 인지적 평가</td><td>초기 외상 후 증상에 대한 부정적 평가</td><td>26+27+28+31+35+36</td><td></td></tr>
<tr><td>외상 영향에 대한 부정적 평가</td><td>29+30</td><td></td></tr>
<tr><td rowspan="3">자신, 타인, 세상에 대한 신념</td><td>타인에 대한 불신</td><td>42+43</td><td></td></tr>
<tr><td>자신의 핵심 측면에 대한 부정적 신념</td><td>37+38+39+40</td><td></td></tr>
<tr><td>세상의 공정과 안전에 대한 부정적 신념</td><td>20+22+44+45</td><td></td></tr>
<tr><td>정서반응</td><td>부정적 정서적 반응</td><td>25+32+33+41</td><td></td></tr>
<tr><td rowspan="2">대처전략 (부적응적)</td><td>회피 / 안전추구전략</td><td>21+50+52+53</td><td></td></tr>
<tr><td>사건부인 / 기억조작전략</td><td>23+24+34</td><td></td></tr>
<tr><td colspan="2">외상 영역</td><td>외상 심각성</td><td>지각된 사건 심각성</td><td>17+18+19</td><td></td></tr>
<tr><td colspan="2">회복환경 영역</td><td>사회적 지지</td><td>낮게 지각된 사회적 지지</td><td>46+47+48+49+51</td><td></td></tr>
</table>

검사 총점	점

<table>
<tr><td rowspan="3">총점</td><td>저위기 수준
(16점 이하)</td><td>외상 후 회복되어 PTSD 증상이 없음(무증상), 가능성이 높음</td></tr>
<tr><td>중위기 수준
(17~26점)</td><td>외상 후 부분 PTSD 또는 full PTSD로 진전될 위험이 높으며, 증상의 심각도는 낮거나 중간 수준일 가능성이 높음</td></tr>
<tr><td>고위기 수준
(27점 이상)</td><td>외상 후 부분 또는 full PTSD로 진전될 위험이 높으며, 증상의 심각도가 높은 수준일 가능성이 높음 → 정신과 전문의 및 외상 치료 전문가에게 연계가 되도록 하여야 함</td></tr>
</table>

출처: 한국피해자지원협회 피해심리상담 지원 매뉴얼

[별첨 4] 피해자 욕구 조사표

피해자명		사건 일시		평가 일시	

※ 현재 피해자가 가장 필요로 하는 것을 이 양식을 사용하여 기록하십시오. 이 양식은 지속적인 보호를 촉진시키기 위해 관련 단체들과 상의하는 데 사용될 수 있습니다.

1. 피해자(유가족)가 겪고 있는 어려움에 해당하는 것을 박스에 V표 하십시오.

☐ 과거나 기존했던 외상/심리적 문제들/물질남용 문제들

☐ 범죄의 결과로 손상을 입음

☐ 사랑하는 이의 실종이나 죽음

☐ 재정적인 걱정들

☐ 집을 잃음

☐ 집안 정리

☐ 직장이나 학교를 잃음

☐ 구출/복구(recovery)를 도움

☐ 신체적/감정적 장애를 가지고 있음

☐ 치료 안정화(medication stabilization)

☐ 아동/청소년에 관한 염려들

☐ 정신(종교)적인 걱정들(spiritual concern)

☐ 기타: ___________________

2. 피해자(유가족)가 요청하거나 긴급히 요구되는 사항을 구체적으로 기재하십시오.

구분	항목	상세 내용 (요청 금액 포함)
경제 지원	☐ 사건현장청소 ☐ 생활필수품 ☐ 의료비(장례비) ☐ 교육비 ☐ 긴급 생계비 ☐ 기타	
법률 지원	☐ 법률자문(형사, 민사) ☐ 법정동행	
심리 지원	☐ 개인상담(방문) ☐ 심리치료기관 연계 ☐ 집단상담 ☐ 자조모임	
기타 지원	☐ 신변안전조치 ☐ 청소년 학습지도 ☐ 주거지원 ☐ 유아 등 돌봄이 ☐ 이외 ( )	

3. 연계요청 기관(자)

☐ 목표(특정)를 가지고 ___________
☐ 다른 피해극복지원 기관들
☐ 전문적인 정신 보건 서비스
☐ 의학적 치료
☐ 물질남용 치료
☐ 다른 지역 봉사활동자들
☐ 성직자
☐ 기타: __________________

4. 안전한 기관으로 연계가 이루어졌습니까?

☐ 예 ☐ 아니요

출처: 한국피해자지원협회 피해심리상담 지원 매뉴얼

참고문헌

경찰청 (2016). 전문가용 범죄피해평가 매뉴얼.

공정식 (2015). 강력범죄사건 이후 피해자들의 욕구와 지원에 관한 연구. 한국범죄학, 9(2).

김경은, 최은희 (2017). 청소년의 학교폭력 피해와 사이버폭력 가해관계: 사이버폭력 피해 매개효과, 학교사회복지. 38. 75－97.

김동일, 이윤희, 김경운, 안지영 (2015). 재난대응 정신건강 '위기상담 가이드라인의 분석: 트라우마 개입의 중다 지침을 위한 서설.' 상담학연구, 16,(3). 473－494.

김용세 (2012). 한국 피해자학의 발전과 과제, 피해자학연구, 20(2). 257－283.

김은주 (2009). "살인의 영향과 피해자 지원에 관한 소고," 한국범죄심리연구, 5(1). 10.

김정란, 김경신 (1999). "학생의 이성교제 폭력과 대처행동", 대한가정학회지. 37. 73-90.

김태경 (2012). 살인사건 유가족의 경험에 대한 현상학적 연구. 법무부 연구용역보고서.

김태경 (2015). 살인피해자 유가족의 경험과 한국형 심리지원 방안모색을 위한 제언. 피해자학 연구, 23(2).

김희균 (2016). 범죄피해자의 정신적 상처에 대한 형사법적 대응방안. 피해자학연구, 24(3). 67－86.

노성호 외 (2012). 피해자학. 도서출판그린.

노성호 (2010). 호주의 피해자학 동향. 피해자학 연구, 8. 5－27.

노진철, 이동훈, 김세경 (2016). 재난 대응 시 심리지원 체계의 국내외 현황. 놀이치료연구, 20(1). 117－133.

문성원 (2010). 범죄피해자에 대한 지원의 심리학적 측면. 피해자학연구, 18(2). 5－44.

박경 (2006). 여성의 성피해 경험과 자살사고와의 관계. 귀인양식과 대처방식의 매개효과. 한국심리학회지: 여성, 11(3). 327－344.
박종효 (2003). 공격적 피해자의 심리·사회적 특성과 문제행동. 교육학연구, 41(3). 423－449.
서경현 (2009). “이성관계에서 행해지는 데이트폭력에 관한 연구의 개관”, 한국심리학회지: 건강, 14. 699-727.
성지희, 정문자 (2007). 학교폭력 피해아동의 학교적응과 보호요인. 아동학회지, 27(5). 1－18.
신혜섭 (2005). 중학생의 학교폭력 유형에 영향을 미치는 변인: 가해경험, 피해경험, 가해, 피해 중복경험에 대한 분석. 청소년학연구, 12(4), 123－149.
소방방재청 (2011). 재난심리지원 매뉴얼.
손문숙, 조재연 (2016). 데이트폭력 피해 실태조사 결과와 과제. 한국여성의 전화
송성자, 김유순, 어주경, 정윤경, 최주경(2014). 가정폭력 피해 여성을 위한 치료·회복 프로그램 개발 연구. 해결중심치료학회지, 1(1). 35－51.
신소라, 김연수 (2016). 가정폭력 피해경험이 데이트폭력 피해에 미치는 영향: 폭력허용도의 매개효과를 중심으로. 피해자학연구, 24(2). 5－32.
신연희, 채규만 (2010). 강간피해자의 심리적 충격과 치유 프로그램의 방향. 피해자학연구, 18(1). 107－134.
오주, 아영아 (2006). 중학생 학교폭력 가해－피해 중복경험에 영향을 미치는 요인. 사회복지개발연구, 12(1). 79－100.
염영미 (2011). 학교폭력가해청소년과 학교폭력가해피해청소년의 특성연구: 자존감의 매개효과. 미래청소년학회지, Vol. 8, No. 3. 117－136
이성직 역 (2014). 성폭력생존자를 위한 인지처리치료 매뉴얼(Patricia A, Resick & Monica K. Schnicke 공저). 서울: 학지사
장승일 (2010). “형사절차상 범죄피해자 권리보호에 관한 연구”, 법학연구, 37. 218－235.
정소영, 임채영, 이명신 (2011). “대학생의 데이트폭력 편견이 데이트폭력 가해행동에 미치는 영향: 폭력허용도와 관계갈등의 매개효과를 중심으로”, 사회과학연구, 27(4). 127－151.
정태연, 김은정, 김인경 (2000). 공격성 지각에 대한 대인관계적 분석. 한국심리학회지: 발달, 12(2), 79－98.
조윤오 (2010). “가정폭력 피해여성의 폭력수용성에 관한 연구”, 피해자학연구, 18(2). 16.
조정실, 차명호 (2010). 폭력없는 평화로운 학교만들기. 서울: 학지사.

채정호 (2010). “범죄피해자를 위한 정신건강 관리체계 구축 및 심리지원 프로토콜 개발”, 스마일센터. 74−89.

최남희, 유정 (2010). 트라우마 내러티브 재구성과 회복효과. 피해자학연구, 18(1). 285−309.

최인섭, 이순래, 조균석 (2006). 범죄피해자 실태조사 연구, 한국형사정책연구원

Doerner, W.G. & Lab, S.P. (2011). Victimology(6th Ed.), 조윤오 외(공역). 피해자학. 서울: 도서출판 그린.

Amick−McMullan et al. (1989). Family survivors of homicide victims: Theoretical perspectives and an exploratory study, *Journal of Traumatic Stress Studies*, 2. 21−35.

Carson, MacLeod(1997). Explanations about crime and psychological distress in ethnic minority and white victims of crime: A qualitative explanation. *Journal of Community and Applied Social Psychology*, 7. 361−375.

Fazeli L. Pariya, Janet M. Turan, Henna Budhwani, Whitney Smith, James L. Raper, Michael J. Mugavero, and Bulent Turan (2017). Moment−to−Moment Within−Person Associations Between Acts of Discrimination and Internalized Stigma in People Living With HIV: An Experience Sampling Study. *Stigma and Health*, 2(3). 216−228.

Golan (1986). Crisis theory. In Turner, E. (ed.), Social Work Treatment: Interlocking Theoretical Perspectives, 3rd. ed., New York: Hasworth, 296-340.

Halpern J., & Tramontin M. (2007). Disaster mental health theory and practice. Brooks/Cole CENGAGE Learning.

Heather, M. G., & Bangie, F. (1997). Adolescent dating violence: Differences between one-sided and mutually violent profiles. *Journal of Interpersonal Violence*, 12(1), 126-141.

Hertz et al. (2005). Homicide survivors: Research and practice implications, *American Journal of Preventive Medicine*, 29, 288−295.

Hinchey, F., & Gavalek, J. (1982). Empathetic responding in children of battered mothers, *Child Abuse & Neglect*, 6, 395−401.

Horne (2003). Families of homicide victims: Service utilization patterns of extra−and intra familial homicide survivors capable of attending to them, *Journal of Family Violence*, 18. 75−80.

Horowitz et al. (1997). Diagnostic criteria for complicated grief disorder, *American Journal of Psychiatry*, 154. 904—910.

Hunnicur, G. (2009). "Varieties of patriarchy and violence against women: Resurrecting", *Violence Against Women*, 15. 553—573.

Jones, Celeste A. (2002). Victim perspective of bank robbery trauma and recovery, *Traumatology: An International Journal*, 8(4). 191—204.

Jones, Beck (2007). Disenfranchised grief and nonfinite loss as experienced by the families of death row inmates. Omega: *Journal of Death and Dying*, 54. 281-299.

Kenneth France (2007). Crisis Intervention—A handbook of Immediate Person—to—Person Help. 5th edition. Illinois, U.S.A.

Martin S. Greenberg, R. Barry Ruback (1992). After the Crime: Victim Decision Making, Springer Science+Business Media, LLC. N.Y., U.S.A

Myer, A. Rick (2001). Assessment for Crisis Intervention: A Triage Assessment Model. Brooks/Cole Cengage Learning.

Olof Wrede, Karl Ask, Leif A. Strömwall (2015). Sad and Exposed, Angry and Resilient? Effects of Crime Victim's Emotional Expression on Perceived Need for Support. *Social Psychology*, 46(1). 55—64.

Olweus, D. (1978). Aggression in the schools: Bullies and Whipping Boys. Washington D. C.: Hemisphere.

Parkes (1993). Psychiatric problems following bereavement by murder or manslaughter, *British Journal of Psychiatry*, 162. 49—54.

Redmond (1989). Surviving: When someone you love was murdered: A professional's guide to group grief therapy for families and friends of murder victim, Clearwater, FL: Psychological Consultation and Education Services.

Ressler et al. (1998). Sexual homicide: Patterns and motives, New York: Free Press. Ronnie Janoff—Bulman, & Irene Hanson Frieze (1983). A Theoretical Perspective for Understanding Reactions to Victimization. *Journal of Social Issues*, 39(2). 1—17.

Schwartz, D., Dodge, K. A., Pettie, G. S., & Bates, J. E. (1997). The early socialization of aggressive victims of bullying. *Child Development*, 68. 665—675.

Sewell (1993). Traumatic stress in multiple murder investigations, *Journal of Traumatic Stress*, 6. 103–118.

Sharpe (2015). Understanding the Sociocultural Context of Coping for African American Family Members of Homicide Victims: A Conceptual Model, *Trauma, Violence, & Abuse*, 16. 48–59.

Sharpe, Boyas (2011). We fall down: The African American experience of coping with the homicide of a loved one, *Journal of Black Studies*, 42. 855-873.

Simons, R. L., Lin, K. H., & Gordon, L. C. (1998). Socialization in the family of origin and male dating violence: A prospective study. *Journal of Marriage and the Family*, 467-478.

Stith, S. M., Rosen, H., McCollum, E. E., & Thomsen, C. J. (2004). Treating intimate partner violence within intact couple relationships: Outcomes of multi-couple versus individual couple therapy. *Journal of marital and family therapy*, 30(3). 312.

Toblin, R. L., Schwartz, D., Gorman, A. H., & Abou–ezzeddine, T. (2005). Social–cognitive and behavioral attributes of aggressive victims of bullying. *Journal of Applied Developmental psychology*, 26(3). 329–346.

Toffel, H. (1996). "Crazy Women, Unharmed Men, and Evil Children: Confronting the Myths About Battered People Who Kill Their Abusers, and the Argument for Extending Battering Syndrome Self-Defenses to All Victims of Domestic Violence," *Southern California Law Review* 70: 350.

Walker, L. E. (1979). "The battered women", New York: Harper & Row.

http://www.hani.co.kr/arti/society/women/745187.html#csidx9ba6e117d23a129a9270b25f7b2dd8a

색 인

위기관리총서 시리즈 4

현장에서의 위기개입워크북

부록

관련 기관 안내

일반 정신 건강 관련 기관

기관명	연락처
〈정부 및 공공기관 및 유관기관〉	
보건복지부	129 (공휴일, 야간: 044 – 202 – 2118)
국립정신건강센터	02 – 2204 – 0114
중앙정신건강복지사업지원단	02 – 747 – 3070
질병관리본부	043 – 719 – 7065
국방헬프콜	1303
중앙장애인권익옹호기관	02 – 6951 – 1790
〈경찰 트라우마센터〉	
서울 보라매병원	02 – 870 – 2114
대전 유성선병원	1588 – 7011
부산 온종합병원	051 – 607 – 0114
광주 조선대학교병원	062 – 220 – 3398
〈광역정신건강복지센터〉	
서울시정신건강복지센터	02 – 3444 – 9934
경기도정신건강복지센터	031 – 212 – 0435~6
인천광역정신건강복지센터	032 – 468 – 9911
충청북도광역정신건강복지센터	043 – 217 – 0597
충청남도광역정신건강복지센터	041 – 633 – 9183
대전광역정신건강복지센터	042 – 486 – 0005
경상남도정신건강복지센터	055 – 239 – 1400
경상북도정신건강복지센터	054 – 748 – 6400
대구광역정신건강복지센터	053 – 256 – 0199
전라북도광역정신건강복지센터	063 – 251 – 0650
전라남도광역정신건강복지센터	061 – 350 – 1700
광주광역정신건강복지센터	062 – 600 – 1930
강원도광역정신건강복지센터	033 – 251 – 1970
울산광역정신건강복지센터	052 – 716 – 7199
부산광역정신건강복지센터	051 – 242 – 2575
제주특별자치도광역정신건강복지센터	064 – 717 – 3000
〈지역별 정신건강복지센터〉 – 서울	
강남구정신건강복지센터	02 – 2226 – 0344
강동구정신건강복지센터	02 – 471 – 3223
강북구정신건강복지센터	02 – 985 – 0222
강서구정신건강복지센터	02 – 2600 – 5926
관악구정신건강복지센터	02 – 879 – 4911
광진구정신건강복지센터	02 – 450 – 1895
구로정신건강복지센터	02 – 860 – 2618
금천구정신건강복지센터	02 – 3281 – 9314
노원구정신건강복지센터	02 – 950 – 4591
도봉구정신건강복지센터	02 – 900 – 5783
동대문구정신건강복지센터	02 – 963 – 1621
동작구정신건강복지센터	02 – 588 – 1455
마포구정신건강복지센터	02 – 3272 – 4937
서대문구정신건강복지센터	02 – 337 – 2165
서초구정신건강복지센터	02 – 2155 – 8215
성동구정신건강복지센터	02 – 2298 – 1080
성북구정신건강복지센터	02 – 2241 – 6304
송파정신건강복지센터	02 – 421 – 5871
양천구정신건강복지센터	02 – 2061 – 8881
영등포구정신건강복지센터	02 – 2670 – 4753
용산구정신건강복지센터	02 – 2199 – 8370
은평구정신건강복지센터	02 – 353 – 2801
종로구정신건강복지센터	02 – 745 – 0199
중구정신건강복지센터(서울)	02 – 2236 – 6606

기관명	연락처
중랑구정신건강복지센터	02-3422-5921~3
- 경기도	
가평군정신건강복지센터	031-581-8881
고양시아동청소년정신건강증진센터	031-908-3567
고양시정신건강증진센터	031-968-2333
과천시정신건강증진센터	02-504-4440
광명시정신건강복지센터	02-897-7786
광주시정신건강복지센터(경기)	031-762-8728
구리시정신건강복지센터	031-550-8614
군포시정신건강증진센터	031-461-1771
김포시정신건강복지센터	031-998-2005
남양주시정신건강복지센터	031-592-5891
동두천시정신건강복지센터	031-863-3632
부천시정신건강복지센터	032-654-4024~7
성남시소아청소년정신건강복지센터	031-751-2445
성남시정신건강복지센터	031-754-3220
수원시노인정신건강센터	031-273-7511
수원시아동청소년정신건강센터	031-242-5737
수원시정신건강복지센터	031-247-0888
수원시행복정신건강복지센터	031-253-5737
시흥시정신건강복지센터	031-316-6661
안산시정신건강복지센터	031-411-7573
안성시정신건강복지센터	031-378-5361~9
안양시정신건강복지센터	031-469-2989
양주시정신건강복지센터	031-840-7320
양평군정신건강복지센터	031-770-3526
여주시정신건강복지센터	031-886-3435
연천군정신건강증진센터	031-832-8106
오산시정신건강증진센터	031-374-8680
용인시정신건강증진센터	031-286-0949
의왕시정신보건센터	031-458-0682
의정부시정신건강복지센터	031-828-4547

기관명	연락처
이천시정신건강복지센터	031-637-2330
파주시정신건강증진센터	031-942-2117
평택시정신건강증진센터	031-658-9818
포천시 정신건강복지센터	031-532-1655
하남시정신건강복지센터	031-793-6552
화성시정신건강복지센터	031-369-2892
- 인천	
강화군정신건강복지센터	032-932-4093
계양구정신건강복지센터	032-547-7087
부평구정신건강증진센터	032-330-5602
연수구정신건강복지센터	032-749-8171~7
인천남구정신건강복지센터	032-421-4045~6
인천남동구정신건강복지센터	032-465-6412
인천동구정신건강복지센터	032-765-3690~1
인천서구정신건강증진센터	032-560-5006, 5039
인천중구정신건강증진센터	032-760-6090
- 충남	
계룡시정신건강복지센터	042-840-3584/3570
공주시정신건강복지센터	041-852-1094
금산군정신건강복지센터	041-751-4721
논산시정신건강복지센터	041-746-8073/4076
당진시정신건강복지센터	041-352-4071
보령시보건소정신건강복지센터	042-930-4184
부여군보건소정신건강복지센터	041-830-2502
서산시정신건강복지센터	041-661-6592
서천군정신건강복지센터	041-950-6733
아산시정신건강복지센터	041-537-4353
예산군정신건강복지센터	041-339-8029
천안시정신건강복지센터(동남구)	041-521-2664
천안시정신건강복지센터(서북구)	041-571-0199

기관명	연락처
청양군보건의료원 정신건강복지센터	041－940－4546
태안군보건의료원 정신건강복지센터	041－671－5398
홍성군정신건강복지센터	041－630－9076 / 보건소－9057
－ 충북	
괴산군정신건강증진센터	043－832－0330
단양군정신건강복지센터	043－420－3245
보은군정신건강복지센터	043－544－6991
영동군정신건강복지센터	043－740－5613/5624
옥천군정신건강복지센터	043－730－2195
음성군정신건강증진센터	043－872－1883~4, 043－878－1882
제천시정신건강복지센터	043－646－3074~5
증평군정신건강증진센터	043－835－4277
진천군정신건강증진센터	043－536－8387
청주시상당정신건강복지센터	043－201－3122~9
청주시서원정신건강복지센터	043－291－0199
청주시흥덕정신건강복지센터	043－234－8686
청주시청원정신건강복지센터	043－215－6868
충주시정신건강복지센터	043－855－4006
－ 세종	
세종시정신건강복지센터	044－861－8521
－ 대전	
대덕구정신건강복지센터	042－931－1671
동구정신건강복지센터(대전)	042－673－4619
서구정신건강증진센터(대전)	042－488－9748
유성구정신건강증진센터	042－825－3527
중구정신건강증진센터(대전)	042－257－9930
－ 경남	
거제시보건소 정신건강복지센터	055－639－6119
거창군정신건강증진센터	055－940－8344/8384

기관명	연락처
고성군보건소정신건강복지센터	055－670－4057~8
김해시정신건강복지센터	070－4632－2900
남해군보건소 정신건강복지센터	055－860－8701
밀양시정신건강복지센터	055－359－7081
사천시보건소 정신건강복지센터	055－831－2795/3575
산청군정신건강복지센터	055－970－7553
양산시정신건강복지센터	055－367－2255
의령군보건소/의령군정신건강증진센터	055－570－4093/4023
진주시보건소정신건강증진센터	055－749－4575/5774
창녕군정신건강복지센터	055－530－6225
창원시 마산정신건강복지센터	055－225－6031
창원시 진해정신건강복지센터	055－225－6691
창원시 창원정신건강복지센터	055－287－1223
통영시정신건강복지센터	055－650－6122/6153
하동군정신건강복지센터	055－880－6670
함안군보건소 정신건강복지센터	055－580－3201/3131
함양군보건소 정신건강복지센터	055－960－5358/4685
합천군 보건소 정신건강복지센터	055－930－4835/3720
－ 경북	
경산시정신건강복지센터	053－816－7190
경주시정신건강복지센터	054－777－1577
구미시정신건강복지센터	054－480－4047
김천시정신건강복지센터	054－433－4005
문경시정신건강증진센터	054－554－0802
봉화군정신건강복지센터	054－679－1126
상주시정신건강복지센터	054－536－0668
성주군정신건강복지센터	054－930－8112

기관명	연락처
안동시정신건강복지센터	054-842-9933
영덕군정신건강복지센터	054-730-7161~4
영주시 정신건강복지센터	054-639-5978
영천시정신건강증진센터	054-331-6770
칠곡군정신건강복지센터	054-973-2024
포항시남구정신건강복지센터	054-270-4073/ 4091
포항시북구정신건강증진센터	054-270-4193~8
- 대구	
남구정신건강증진센터(대구)	053-628-5863
달서구정신건강복지센터	053-637-7851
달성군정신건강증진센터	053-643-0199
동구정신건강복지센터(대구)	053-983-8340,2
북구정신건강복지센터(대구)	053-353-3631
서구정신건강증진센터(대구)	053-564-2595
수성구정신건강증진센터	053-756-5860
중구정신건강복지센터(대구)	053-256-2900
- 전남	
강진군정신건강복지센터	061-430-3542/ 3560
고흥군정신건강복지센터	061-830-6636/ 6673
광양시정신건강증진센터	061-797-3778
곡성군정신건강복지센터	061-363-9917
구례군정신건강복지센터	061-780-2023/ 2047
나주시정신건강증진센터	061-333-6200
담양군보건소/담양군정신건강복지센터	061-380-3995
목포시정신건강복지센터	061-276-0199
무안정신건강복지센터	061-450-5032
보성군정신건강증진센터	061-853-5500
순천시정신건강복지센터	061-749-6884/ 6928
여수시정신건강복지센터	061-659-4255/ 4289

기관명	연락처
영광군 정신건강복지센터	061-350-5666, 061-353-9401
완도군정신건강증진센터	061-550-6742/ 6745
장성군정신건강증진센터	061-390-8373/ 395-0199
장흥군정신건강복지센터	061-860-0549/ 0541
진도군정신건강복지센터	061-540-6058
함평군정신건강복지센터	061-320-2428/ 2512
해남군정신건강복지센터	061-531-3763/ 3767
화순군정신건강복지센터	061-379-5305
- 전북	
고창군 정신건강증진센터	063-563-8738
군산시정신건강증진센터	063-445-9191
김제시정신건강복지센터	063-542-1350
남원시정신건강복지센터	063-635-4122
부안군정신건강증진센터	063-581-5831
완주군정신건강복지센터	063-262-3066
익산시정신건강증진센터	063-841-4235
전주시정신건강증진센터	063-273-6995~6
정읍시정신건강증진센터	063-535-2101
진안군 정신건강증진센터	063-432-8529
무주군정신건강복지센터	063-320-8232
- 광주	
광산구정신건강증진센터	062-941-8567
광주남구정신건강증진센터	062-676-8236
광주동구정신건강증진센터	062-233-0468
광주북구정신건강증진센터(본소)	062-267-5510
광주북구정신건강복지센터(분소)	062-267-4800
광주서구정신건강증진센터	062-350-4195

기관명	연락처
– 강원도	
강릉시정신건강복지센터	033–651–9668
고성군정신건강복지센터(강원)	033–682–4020
동해시정신건강복지센터	033–533–0197
삼척시정신건강복지센터	033–574–0190
속초시정신건강복지센터	033–633–4088
양구군정신건강복지센터	033–480–2789
양양군정신건강증진센터	033–673–0197, 0199
영월군정신건강복지센터	033–374–0199
원주시정신건강복지센터	033–746–0198
인제군보건소 정신건강복지센터	033–460–2245, 033–461–7427
정선군보건소 정신건강복지센터	033–560–2896
철원군보건소 철원군정신건강증진센터	033–450–5104
춘천시정신건강복지센터	033–241–4256
태백시정신건강복지센터	033–554–1278
평창군보건의료원 정신건강복지센터	033–330–4872
홍천군정신건강증진센터	033–430–4035
화천군보건소 정신건강복지센터	033–441–4000
횡성군정신건강증진센터	033–345–9901
– 울산	
울산울주군정신건강복지센터	052–262–1148
울산남구정신건강복지센터	052–227–1116
울산동구정신건강복지센터	052–233–1040
울산북구정신건강복지센터	052–288–0043
울산중구정신건강증진센터	052–292–2900
– 부산	
강서구정신건강증진센터(부산)	051–970–3417
금정구정신건강증진센터	051–518–8700

기관명	연락처
기장군정신건강증진센터	051–727–5386
남구정신건강증진센터(부산)	051–626–4660,1
동구정신건강복지센터(부산)	051–911–4600
동래구정신건강복지센터	051–507–7306~7
북구정신건강복지센터(부산)	051–334–3200
사상구정신건강증진센터	051–314–4101
사하구정신건강복지센터	051–265–0512
서구정신건강증진센터(부산)	051–256–1983
수영구정신건강증진센터	051–714–5681
연제구정신건강복지센터	051–861–1914
영도구정신건강복지센터	051–404–3379
중구정신건강복지센터(부산)	051–257–7057
진구정신건강증진센터	051–638–2662
해운대구정신건강복지센터	051–741–3567
– 제주	
서귀포시정신건강복지센터	064–760–6553
제주시정신건강증진센터	064–728–4075
〈지방 보건소〉 – 전남	
신안군 보건소	061–240–8095
영암군 보건소	061–470–6539
– 전북	
순창군보건의료원	063–650–5247
임실군보건의료원	063–640–3144
장수군보건의료원	063–350–3162
– 경북	
고령군보건소	054–954–1300
청도군 보건소	054–370–6296
군위군 보건소	054–383–4000
예천군 보건소	054–650–8033
영양군 보건소	054–680–5132
울릉군보건의료원	054–790–6871
의성군 보건소	054–830–6684
청송군 보건의료원	054–870–7200

자살 관련 기관

기관명	연락처
한국자살예방협회	02−413−0892−3
한마음한몸자살예방센터	02−318−3079
사랑의전화상담센터	02−3272−4242
불교상담개발원(자비의전화)	02−737−7378
(사)생명존중교육협의회	02−904−6647
기독교자살예방센터	070−8749−2114
중앙자살예방센터	02−2203−0053
〈생명의 전화〉	
한국생명의전화	02−763−9195
서서울생명의전화	02−2649−9233
수원생명의전화	031−237−3120
안양생명의전화	031−383−9114
고양생명의전화	031−901−1391
부천생명의전화	032−325−2322
충주생명의전화	043−842−9191
광주생명의전화	062−232−9192
전주생명의전화	063−286−9192
대구생명의전화	053−475−9193
포항생명의전화	054−252−9177
울산생명의전화	052−265−5570
부산생명의전화	051−807−9195
제주생명의전화	064−744−9190
〈광역자살예방센터〉	
서울시자살예방센터	02−3458−1000
경기도자살예방센터	031−212−0437
인천광역시자살예방센터	032−468−9911
대구광역자살예방센터	053−256−0199
광주광역자살예방센터	062−600−1930
강원도자살예방센터	033−251−1970
부산광역자살예방센터	051−242−2575
〈지역자살예방센터〉 − 서울	
성동구자살예방센터	02−2298−7119

기관명	연락처
성북구자살예방센터	02−916−9118
− 경기	
가평군자살예방센터	031−581−8872
광명시자살예방센터	02−2618−8255
성남시정신건강증진센터 부설 성남	031−754−3220
수원시자살예방센터	031−247−3279
시흥시자살예방센터	031−316−6664
안산시자살예방센터	031−418−0123
여주시자살예방센터	031−886−3435
양평군자살예방센터부설양평군자	031−770−3532, 26
용인시자살예방센터	070−4457−9373
이천시자살예방센터	031−637−2330
의정부시정신건강복지센터 부설	031−828−4547
화성시자살예방센터	031−369−2892
− 인천	
인천남구자살예방센터	032−421−4047
− 충남	
천안시자살예방센터	041−571−0199
− 전북	
남원시자살예방센터	063−635−4122
− 강원	
강릉시정신건강복지센터부설강릉	033−651−9668
원주시정신건강복지센터부설원주	033−746−0198
홍천군정신건강복지센터부설홍천	033−435−7482
− 울산	
울산남구자살예방센터	052−227−1116
울산동구자살예방센터	052−233−1040
울산북구자살예방센터	052−288−0043
울산중구자살예방센터	052−292−2900

여성 관련 기관

기관명	연락처
〈여성 긴급전화 1366〉	
중앙센터	1366
서울	02－1366
경기	031－1366
경기북부	031－1366
인천	032－1366
충북	043－1366
충남	041－1366
대전	042－1366
전북	063－1366
전남	061－1366
광주	062－1366
경북	054－1366
경남	055－1366
대구	053－1366
강원	033－1366
울산	052－1366
부산	051－1366
제주	064－1366
〈여성 관련 전문 기관〉	
(사)한국여성상담센터	02－953－1704
(사)한국여성장애인연합	02－3675－9935, 02－766－9935
〈한국 여성의 전화〉	
서울강서양천여성의전화	02－2605－8466
김포여성의전화	가정폭력상담: 031－986－0136
광명여성의전화	가정폭력상담: 02－2060－2545 이메일상담: kmwhl@hanmail.net
성남여성의전화	가정폭력상담: 031－751－6677 성폭력상담: 031－751－1120 이메일상담: snwhl@naver.com
수원여성의전화	가정폭력상담: 031－232－6888

기관명	연락처
	성폭력상담: 031－224－6888 성매매상담: 031－222－0122 청소년열린터: 031－253－8298
시흥여성의전화	여성폭력상담: 031－496－9393 가정폭력상담: 031－496－9494 이메일상담: shwhl@jinbo.ne
안양여성의전화	가정폭력상담: 031－468－1366 성폭력상담: 031－466－1366
부천여성의전화	상담: 032－328－9711
강릉여성의전화	상담 : 033－643－1982, 033－643－1985 이메일상담: gw1985@hanmail.net
군산여성의전화	상담: 063－445－2285
익산여성의전화	상담: 063－858－9191 이메일상담: iswhl@hanmail.net
전주여성의전화	상담: 063－283－9855, 063－282－1366
영광여성의전화	상담: 061－352－1321
청주여성의전화	여성폭력상담: 043－252－0966, 043－252－0968
천안여성의전화	여성폭력상담: 041－561－0303
창원여성의전화	여성폭력상담: 055－267－1366, 055－283－8322
진해여성의전화	상담: 055－546－8322, 055－546－0036 참살이: 055－546－1409 이메일상담: jhwhl01@hanmail.net
광주여성의전화	일반상담: 062－363－0442~3 가정폭력상담: 062－363－0485 성폭력상담: 062－363－0487 성매매상담: 062－384－8297
대구여성의전화	가정폭력상담: 053－471－6482 성폭력상담: 053－471－6483 이메일상담: esco10@hananet.net
울산여성의전화	여성주의상담: 052－244－1555

기관명	연락처
부산여성의전화	가정폭력상담: 051－817－6464 성폭력상담: 051－817－6474
〈한국여성민우회〉	
한국여성민우회	02－737－5763
한국여성민우회(성폭력 상담)	02－335－1858
한국여성민우회(여성연예인인권지원)	02－736－1366
서울남서여성민우회	02－2643－1253
서울동북여성민우회	02－3492－7141
고양파주여성민우회	031－907－1003
군포여성민우회	031－396－0201
인천여성민우회	032－525－2219
광주여성민우회	062－529－0383
진주여성민우회	055－743－0410
원주여성민우회	033－732－4116
춘천여성민우회	033－255－5557

아동 관련 기관

기관명	연락처
중앙아동보호전문기관	02－558－1391
〈지역아동센터〉	
한국지역아동센터연합회	1544－4196
지역아동센터중앙지원단	02－365－1264, 02－581－1264
서울지원단	02－2632－3125
인천지원단	032－425－7327－8
경기북부지원단	031－595－7859/7869
경기남부지원단	031－236－2729
충북지원단	043－287－9095
충남지원단	041－557－2729
대전지원단	042－226－2729
강원지원단	033－255－1008,9
전북지원단	063－274－5479
전남지원단	061－272－7951~2
광주지원단	062－522－9976, 062－521－9975
경북지원단	054－463－7275~6
울산지원단	052－221－2729
경남지원단	055－252－1379
대구지원단	053－476－1613
부산지원단	051－440－3020~1
제주지원단	064－756－5579
〈아동보호전문기관〉 － 서울	
중앙아동보호전문기관	02－558－1391
노원구아동보호전문기관	02－974－1391
서울동남권아동보호전문기관	02－474－1391
서울특별시아동보호전문기관	02－2040－4242
서울특별시동부아동보호전문기관	02－2247－1391
서울강서아동보호전문기관	02－3665－5183~5
서울은평아동보호전문기관	02－3157－1391
서울영등포아동보호전문기관	02－842－0094

기관명	연락처
서울성북아동보호전문기관	02－923－5440
서울마포아동보호전문기관	02－422－1391
－ 경기	
수원아동보호전문기관	031－8009－0080
경기평택아동보호전문기관	031－652－1391
경기시흥아동보호전문기관	031－316－1391
경기용인아동보호전문기관	031－275－6177
안산시아동보호전문기관	031－402－0442
경기도아동보호전문기관	031－245－2448
경기북부아동보호전문기관	031－874－9100
경기성남아동보호전문기관	031－756－1391
경기고양아동보호전문기관	031－966－1391
경기부천아동보호전문기관	032－662－2580
경기화성아동보호전문기관	031－227－1310
경기남양주아동보호전문기관	031－592－9818
－ 인천	
인천남부아동보호전문기관	032－424－1391
인천광역시아동보호전문기관	032－434－1391
인천북부아동보호전문기관	032－515－1391
－ 충청북도	
충청북도아동보호전문기관	043－216－1391
충북북부아동보호전문기관	043－ 645－9078
충북남부아동보호전문기관	043－731－3686
－ 충청남도	
충청남도서부아동보호전문기관	041－635－1106
충청남도아동보호전문기관	041－578－2655
충청남도남부아동보호전문기관	041－734－6640~1
－ 대전	
대전광역시아동보호전문기관	042－254－6790
－ 세종시	
세종시아동보호전문기관	044－864－1393

기관명	연락처
– 전라북도	
전라북도아동보호전문기관	063–283–1391
전라북도서부아동보호전문기관	063–852–1391
전라북도서부아동보호전문기관 군산분소	063–734–1391
전라북도동부아동보호전문기관	063–635–1391~3
– 전라남도	
전남중부권아동보호전문기관	061–332–1391
전라남도아동보호전문기관	061–753–5125
전남서부권아동보호전문기관	061–285–1391
전남서부권아동보호전문기관 분사무소	061–284–1391
– 광주	
빛고을아동보호전문기관	062–675–1391
광주광역시아동보호전문기관	062–385–1391
– 경상북도	
경북남부아동보호전문기관	054–745–1391
경북북부아동보호전문기관	054–853–0237~8
경북동부아동보호전문기관	054–284–1391
경북서부아동보호전문기관	054–455–1391
– 경상남도	
김해시아동보호전문기관	055–322–1391
경상남도아동보호전문기관	055–244–1391
경상남도아동보호전문기관 양산사무소	055–367–1391
경남서부아동보호전문기관	055–757–1391
– 대구	
대구광역시북부아동보호전문기관	053–710–1391
대구광역시남부아동보호전문기관	053–623–1391
대구광역시아동보호전문기관	053–422–1391
– 강원	
강원남부아동보호전문기관	033–535–5391

기관명	연락처
강원도아동보호전문기관	033–244–1391
강원동부아동보호전문기관	033–644–1391
강원서부아동보호전문기관	033–766–1391
– 울산	
울산남부아동보호전문기관	052–256–1391
울산광역시아동보호전문기관	052–245–9382
– 부산	
부산남부아동보호전문기관	051–791–1360
부산서부아동보호전문기관	051–711–1391
부산광역시아동보호전문기관	051–791–1391
부산동부아동보호전문기관	051–715–1391
– 제주	
제주특별자치도아동보호전문기관	064–712–1391~2
서귀포시아동보호전문기관	064–732–1391
〈아동학대예방센터〉	
서울특별시아동학대예방센터	02–2040–4242
서울동부아동학대예방센터	02–2247–1391
서울강서아동학대예방센터	02–3665–5184
서울은평아동학대예방센터	02–3157–1391
서울영등포아동학대예방센터	02–842–0094
서울성북아동학대예방센터	02–923–5440
서울마포아동학대예방센터	02–422–1391
서울동남권아동학대예방센터	02–474–1391
〈아동학대예방협회_민간단체〉 – 서울	
서울시 강동구 지회	010–7169–7851
서울시 강서구 지회	010–5239–7334
서울시 강북구 지회	011–790–7707
서울시 구로구 지회	010–6747–0101
서울시 관악구 지회	02–884–2795, 010–6265–2745
서울 강북구 수유 지회	010–5001–7299
서울시 금천구 지회	010–3207–7932
서울시 노원구 지회	010–5084–8425

기관명	연락처
서울시 동대문구 이문지회	010-7302-1122
서울시 동대문구 지회	010-2322-5258
서울시 동작구 지회	010-3780-5874, 02-826-4916
서울시 동작구 상도 지회	010-8728-1366
서울시 서대문구 지회	010-5313-0655
서울시 송파구 지회	010-5280-1497
서울시 양천구 지회	010-8745-3644
서울시 영등포구 지회	010-6656-8309
서울시 용산구 지회	010-3383-7413
서울시 서초구 지회	02-599-6009, 010-4728-5591
서울시 성북구 지회	02-599-6009, 010-4728-5591
서울시 성동구 지회	02-2297-1896, 010-9377-1896
서울시 중랑구 지회	010-3288-3010
서울시 강남구 지회	010-2848-1215
- 인천	
인천광역시 중구 지부	010-3225-8938
- 경기도	
경기도 지부	031-654-7797, 010-9475-7787
경기도 고양시 지회	010-8280-0699
경기도 광명시 지회	010-8327-9819
경기도 일산시 서구 지회	010-2571-0192
경기도 이천시 지회	02-2201-6501, 010-2555-7111
경기도 안양시 지회	010-7316-1569
경기도 안산시 지회	010-2055-1569
경기도 용인시 지회	031-282-2221, 010-8921-2526
경기도 수원시 지회	010-6280-8596
경기도 수원시 권선구 지회	031-237-1515, 010-2004-8281
경기도 수원시 영통구 지회	031-216-1159

기관명	연락처
경기도 수원시 장안구 지회	010-9282-9892
경기도 수원시 팔달구 지회	010-5350-7919
경기도 성남시 지회	031-781-2611
경기도 오산시 지회	010-6727-4447
경기도 부천시 지회	010-8744-4957
경기도 평택시 비전 지회	010-3337-3044
경기도 성남시 분당구 지회	010-8216-5777
경기도 화성시 지회	031-226-2004, 010-2599-7685
경기도 화성시 남부지회	031-221-1190, 010-2375-1190
경기도 화성시 서부지부	031-227-7268, 010-4023-7218
경기도 화성시 동부지회	010-2842-7656
경기도 화성 서남부지회	010-5006-9861
경기도 화성 북부지회	010-7477-5713
경기도 화성시 화성융건지회 지회장	010-3310-2075
- 경상남도	
경상남도 함안 지회	055-582-7589, 010-3066-7099
- 경상북도	
경상북도 지부	054-532-1473
- 전라북도	
전북지회	010-4001-1010
- 전라남도	
전라남도 광주시 남구 지회	010-2214-4800
- 충청남도	
충청남도 지부	041-545-6521, 010-5451-6522
충청남도 보령시 지회	041-935-0160
충청남도 예산시 지회	041-335-1961, 010-2519-8474
충청남도 태안군 지부	010-9699-7179

기관명	연락처
– 강원도	
강원도 지부	033–255–1387 010–9589–8079
– 울산	
울산광역시 울산 지부	010–2562–1455
울산광역시 울주군 지회	010–9311–4830
m– 제주	
제주특별자치도 지부	064–725–1200, 010–3751–2864

청소년 관련 기관

기관명	연락처
에듀넷 도란도란 학교폭력예방	117
청소년 사이버상담센터	1388
청예단 학교폭력SOS지원단	02-598-1640
탁틴내일(아동청소년성폭력 상담소)	02-3141-6191
〈청소년상담복지센터〉	
서울특별시청소년상담복지센터	02-2285-1318
서울강남구청소년상담복지센터	02-2226-8555
서울강동구청소년상담복지센터	070-8819-1388
서울강북구청소년상담복지센터	02-6715-6661
서울강서구청소년상담복지센터	02-2061-8998
서울관악구청소년상담복지센터	02-872-1318
서울광진구청소년상담복지센터	02-2205-2300
서울구로구청소년상담복지센터	02-852-1319
서울금천구청소년상담복지센터	02-803-1873
서울노원구청소년상담복지센터	02-2091-1387
서울도봉구청소년상담복지센터	02-950-9641
서울동대문구청소년상담복지센터	02-2236-1377
서울동작구청소년상담복지센터	02-845-1388
서울마포구청소년상담복지센터	02-3153-5982
서울서대문구청소년상담복지센터	02-3141-1318
서울서초구청소년상담복지센터	02-586-9128
서울성동구청소년상담복지센터	02-2299-1388
서울성북구청소년상담복지센터	02-3292-1779
서울송파구청소년상담복지센터	02-449-7173
서울양천구청소년상담복지센터	02-2646-8341
서울영등포구청소년상담복지센터	02-2676-6114
서울용산구청소년상담복지센터	02-716-1318
서울은평구청소년상담복지센터	02-384-1318
서울종로구청소년상담복지센터	02-762-1318

기관명	연락처
서울중랑구청소년상담복지센터	02-496-1895
부산광역시청소년상담복지센터	051-804-5001~2
부산금정구청소년상담복지센터	051-581-2084
부산기장군청소년상담복지센터	051-792-4880
부산남구청소년상담복지센터	051-621-1389
부산동래구청소년상담복지센터	051-555-1387
부산북구청소년상담복지센터	051-343-1388
부산사하구청소년상담복지센터	051-207-7169
부산서구청소년상담복지센터	051-714-3013
부산수영구청소년상담복지센터	051-759-8413
부산영도구청소년상담복지센터	051-405-5605
부산진구청소년상담복지센터	051-868-0956
부산해운대구청소년상담복지센터	051-731-4046
사상구청소년상담복지센터	051-327-1388
대구광역시청소년상담복지센터	053-659-6240
대구남구청소년상담복지센터	053-624-0996
대구달서구청소년상담복지센터	053-638-1388
대구달성군청소년상담복지센터	053-614-1388
대구동구청소년상담복지센터	053-984-1319
대구북구청소년상담복지센터	053-324-7388
대구서구청소년상담복지센터	053-562-1388
대구수성구청소년상담복지센터	053-759-1388
대구중구청소년상담복지센터	053-423-1377
인천광역시청소년상담복지센터	032-429-0394
인천계양구청소년상담복지센터	032-547-0855
인천남동구청소년상담복지센터	032-469-7197
인천동구청소년상담복지센터	032-777-1388
인천미추홀구청소년상담복지센터	032-862-8751
인천부평구청소년상담복지센터	032-509-8916
인천서구청소년상담복지센터	032-584-1388
인천연수구청소년상담복지센터	032-818-0358

기관명	연락처
인천중구청소년상담복지센터	032-773-1317
광주광역시청소년상담복지센터	062-226-8181
광주광산구청소년상담복지센터	062-943-1388
광주남구청소년상담복지센터	062-675-1388
광주동구청소년상담복지센터	062-229-3308
광주북구청소년상담복지센터	062-251-1388
광주서구청소년상담복지센터	062-375-1388
대전광역시청소년상담복지센터	042-257-6577
대전서구청소년상담복지센터	042-527-1112 ~3
대전유성구청소년상담복지센터	042-824-3454
경기도청소년상담복지센터	031-248-1318
가평군청소년상담복지센터	031-581-0397
고양시청소년상담복지센터	031-979-1318
과천시청소년상담복지센터	02-504-1388
광명시립청소년상담복지센터	02-809-2000
광주시청소년상담복지센터	031-760-2219
구리시청소년상담복지센터	031-557-2000
군포시청소년상담복지센터	031-397-1388
김포시청소년상담복지센터	031-984-1388
남양주시청소년상담복지센터(본소)	031-590-8097 ~8, 031-590-8971 ~2
남양주시청소년상담복지센터(동부분소)	031-590-8403, 8404
남양주시청소년상담복지센터(북부분소)	031-590-8979, 8980
동두천시청소년상담복지센터	031-861-1388
부천시청소년상담복지센터(본소)	032-325-3002
부천시청소년상담복지센터(분소_소사센터)	032-325-3002
부천시청소년상담복지센터(오정분소)	032-325-3002
성남시청소년상담복지센터	031-756-1388

기관명	연락처
수원시청소년상담복지센터(팔달)	031-218-0446
수원시청소년상담복지센터(장안)	031-242-1318
수원시청소년상담복지센터(영통)	031-215-1318
수원시청소년상담복지센터(권선)	031-236-1318
수원시청소년상담복지센터(광교)	031-216-8354
수원시청소년상담복지센터(칠보)	031-278-6862
시흥시청소년상담복지센터	031-318-7100
안산시청소년상담복지센터	031-414-1318
안성시청소년상담복지센터	031-676-1318
안양시청소년상담복지센터	031-446-0242
양주시청소년상담복지센터	031-858-1318
양평군청소년상담복지센터	031-775-1318
여주시청소년상담복지센터	031-882-8889
연천군청소년상담복지센터	031-832-4452
오산시청소년상담복지센터	031-372-4004
용인시청소년상담복지센터	031-324-9300
의왕시청소년상담복지센터	031-452-1388
의정부시청소년상담복지센터(본소)	031-873-1388
의정부시청소년상담복지센터(호원분소)	031-873-1388
이천시청소년상담복지센터	031-632-7099
파주시청소년상담복지센터	031-946-0022
평택시청소년상담복지센터	031-656-1383
포천시청소년상담복지센터(본소)	031-533-1318
포천시청소년상담복지센터(포천분소)	031-536-1388
하남시청소년상담복지센터	031-790-6680
화성시청소년상담복지센터(본소)	031-225-1318, 031-225-0924
화성시청소년상담복지센터(향남분소)	031-225-1318, 031-225-0924
강원도청소년상담복지센터	033-256-9803, 033-256-9804
강릉시청소년상담복지센터	033-646-7942

기관명	연락처
동해시청소년상담복지센터	033-535-1388
속초시청소년상담복지센터	033-638-1388
영월군청소년상담복지센터	033-375-1318
원주시청소년상담복지센터	033-744-1388
정선군청소년상담복지센터	033-591-1313
철원군청소년상담복지센터	033-452-2000
춘천시청소년상담복지센터	033-818-1388
태백시청소년상담복지센터	033-582-1377
홍천군청소년상담복지센터	033-433-1386
횡성군청소년상담복지센터	033-344-1388
충청북도청소년상담복지센터	043-258-2000
괴산군청소년상담복지센터	043-830-3826
단양군청소년상담복지센터	043-421-8370
보은군청소년상담복지센터	043-542-1388
서청주청소년상담복지센터	043-297-1388
영동군청소년상담복지센터	043-744-5700
옥천군청소년상담복지센터	043-731-1388
음성군청소년상담복지센터	043-873-1318
제천시청소년상담복지센터	043-642-7949
증평군청소년상담복지센터	043-835-4188
진천군청소년상담복지센터	043-536-3430
청주시청소년상담복지센터	043-275-1388
충주시청소년상담복지센터	043-842-2007
충청남도청소년상담복지센터	041-554-2130
계룡시청소년상담복지센터	042-551-1318
공주시청소년상담복지센터	041-856-1388
금산군청소년상담복지센터	041-751-2007
논산시청소년상담복지센터	041-736-2041
당진시청소년상담복지센터	041-357-2000
보령시청소년상담복지센터	041-936-5710
부여군청소년상담복지센터	041-836-1898
서산시청소년상담복지센터	041-669-2000
서천군청소년상담복지센터	041-953-4040
아산시청소년상담복지센터	041-532-2000
예산군청소년상담복지센터	041-335-1388

기관명	연락처
천안시청소년상담복지센터	041-622-1388
청양군청소년상담복지센터	041-942-9596
태안군청소년상담복지센터	041-674-2800
홍성군청소년상담복지센터	041-634-4858
전라북도청소년상담복지센터	063-276-6291
고창군청소년상담복지센터	063-563-6792
군산시청소년상담복지센터	063-466-1388
김제시청소년상담복지센터	063-544-1377
남원시청소년상담복지센터	063-635-1388
무주군청소년상담복지센터	063-323-7717
부안군청소년상담복지센터	063-583-8772
순창군청소년상담복지센터	063-653-4646
완주군청소년상담복지센터	063-291-7373
익산시청소년상담복지센터	063-852-1388
임실군청소년상담복지센터	063-644-1388
장수군청소년상담복지센터	063-351-5161
전주시청소년상담복지센터	063-236-1388
정읍시청소년상담복지센터	063-531-3000
진안군청소년상담복지센터	063-433-2377
전라남도청소년상담복지센터	061-280-9001
강진군청소년상담복지센터	061-432-1388
고흥군청소년상담복지센터	061-834-1317 ~8
곡성군청소년상담복지센터	061-363-9584
광양시청소년상담복지센터	061-795-1388
구례군청소년상담복지센터	061-782-0884
나주시청소년상담복지센터	061-334-1388
담양군청소년상담복지센터	061-381-1386
목포시청소년상담복지센터	061-272-2440
무안군청소년상담복지센터	061-454-5284
보성군청소년상담복지센터	061-853-1388
순천시청소년상담복지센터	061-745-1388
신안군청소년상담복지센터	061-240-8703
여수시청소년상담복지센터	061-663-2000
영광군청소년상담복지센터	061-353-1388

기관명	연락처
영암군청소년상담복지센터	061－471－8375
완도군청소년상담복지센터	061－554－1318
장성군청소년상담복지센터	061－817－1388
장흥군청소년상담복지센터	061－863－1318
진도군청소년상담복지센터	061－544－5122
함평군청소년상담복지센터	061－323－1324
해남군청소년상담복지센터	061－537－1388
화순군청소년상담복지센터	061－375－7442
경상북도청소년상담복지센터	054－1388
경산시청소년상담복지센터	053－812－1318
경주시청소년상담복지센터	054－742－1388
고령군청소년상담복지센터	054－956－1383
구미시청소년상담복지센터	054－443－1387
군위군청소년상담복지센터	054－382－1388
김천시청소년상담복지센터	054－435－1388
문경시청소년상담복지센터	054－556－1389
봉화군청소년상담복지센터	054－674－1388
상주시청소년상담복지센터	054－535－3511
성주군청소년상담복지센터	054－931－1398
안동시청소년상담복지센터	054－859－1318
영덕군청소년상담복지센터	054－732－1318
영주시청소년상담복지센터	054－634－1318
영천시청소년상담복지센터	054－338－1388
예천군청소년상담복지센터	054－654－9901
울진군청소년상담복지센터	054－781－0079
의성군청소년상담복지센터	054－834－7933
청도군청소년상담복지센터	054－373－1610
청송군청소년상담복지센터	054－872－7626
칠곡군청소년상담복지센터	054－971－0418
포항시청소년상담복지센터	054－252－0020
경상남도청소년지원재단	055－711－1388
거제시청소년상담복지센터	055－636－2000
거창군청소년상담복지센터	055－941－2000
고성군청소년상담복지센터	055－673－6882
김해시청소년상담복지센터(본소)	055－325－2000

기관명	연락처
김해시청소년상담복지센터(서부)	055－330－7920
남해군청소년상담복지센터	055－863－5279
밀양시청소년상담복지센터	055－355－2000
사천시청소년상담복지센터	055－835－4199
산청군청소년상담복지센터	055－973－8423
양산시청소년상담복지센터(본소)	055－372－2000
양산시청소년상담복지센터(웅상분소)	055－367－1318
의령군청소년상담복지센터	055－570－2427
진주시청소년상담복지센터	055－744－2000
창녕군청소년상담복지센터	055－532－2000
창원시마산청소년상담복지센터	055－245－7941, 055－245－7925
창원시진해청소년상담복지센터	055－551－2000
창원시창원청소년상담복지센터	055－273－2000
통영시청소년상담복지센터	055－644－2000
하동군청소년상담복지센터	055－883－3000
함안군청소년상담복지센터	055－583－0924
함양군청소년상담복지센터	055－963－7922
합천군청소년상담복지센터	055－932－5499
울산광역시청소년상담복지센터	052－1388
울산남구청소년상담복지센터	052－291－1388
울산동구청소년상담복지센터	052－233－5279
울산북구청소년상담복지센터	052－283－1388
울산울주군청소년상담복지센터	052－229－1388
세종특별자치시청소년상담복지센터	044－867－2022
제주특별자치도청소년상담복지센터	064－759－9951
서귀포시청소년상담복지센터	064－763－9191
제주시청소년상담복지센터	064－725－7999
〈Wee센터〉 － 서울	
북부Wee센터	02－949－7887
서부Wee센터	02－390－5585

기관명	연락처
서울통합Wee센터	02－3999－505
성동광진Wee센터	02－2205－3633
성북강북Wee센터	02－917－7887
중부Wee센터	02－722－7887
학업중단예방Wee센터	02－3999－098
강남서초Wee센터	02－3444－7887
강동송파Wee센터	02－3431－7887
강서양천Wee센터	02－2665－7179
남부SOS통합Wee센터	02－864－8416
남부Wee센터	02－2677－7887
남부교육지원청 꿈세움Wee센터	02－2625－9128
동부Wee센터	02－2233－7883
동작관악Wee센터	02－884－7887
마음이랑 Wee센터	02－2297－7887
밝음이랑Wee센터	02－853－2460
－ 경기	
가평교육지원청Wee센터	031－580－5174
고양교육지원청Wee센터	031－901－9173
광명교육지원청Wee센터	02－2610－1472
광주하남교육지원청Wee센터	031－760－4092
구리남양주교육지원청Wee센터	031－550－6132
군포의왕교육지원청Wee센터	031－390－1113
김포교육지원청Wee센터	031－985－3986
동두천양주교육지원청Wee센터	031－860－4354
부천교육지원청Wee센터	070－7099－2175
성남교육지원청Wee센터	031－780－2655
수원교육지원청Wee센터	031－246－0818
시흥교육지원청Wee센터	031－488－2417
안산교육지원청Wee센터	031－508－5805
안성교육지원청Wee센터	031－678－5285
안양과천교육지원청Wee센터	031－380－7070
양평교육지원청Wee센터	031－770－5284
여주교육지원청Wee센터	031－883－2795

기관명	연락처
연천교육지원청Wee센터	031－839－0129
용인교육지원청Wee센터	031－889－5890
의정부교육지원청Wee센터	031－820－0093
이천교육지원청Wee센터	031－639－5638
파주교육지원청Wee센터	070－4918－2422
평택교육지원청Wee센터	031－665－0806
포천교육지원청Wee센터	031－539－0026
화성오산교육지원청Wee센터	031－371－0658
－ 인천	
강화교육지원청Wee센터	032－930－7820
남부교육지원청Wee센터	032－764－7179
동부교육지원청Wee센터	032－460－6371
북부교육지원청Wee센터	032－510－5467
서부교육지원청Wee센터	032－555－7179
인천광역시교육청Wee센터	032－432－7179
－ 충남	
공주교육지원청Wee센터	041－850－2339
금산교육지원청Wee센터	041－750－8813
논산계룡교육지원청Wee센터	041－730－7146
당진교육지원청Wee센터	041－351－2534
보령교육지원청 Wee센터	041－930－6380
부여교육지원청Wee센터	041－830－8290
서산교육지원청Wee센터	041－660－0347
서천교육지원청Wee센터	041－951－9435
아산교육지원청Wee센터	041－539－2480
예산교육지원청Wee센터	041－330－3671
천안교육지원청Wee센터	041－629－0401
청양교육지원청Wee센터	041－940－4490
태안교육지원청Wee센터	041－670－8252
홍성교육지원청Wee센터	041－630－5553
－ 충북	
괴산증평교육지원청Wee센터	043－830－5079
단양교육지원청Wee센터	043－420－6121
보은교육지원청Wee센터	043－540－5556
영동교육지원청Wee센터	043－740－7725

기관명	연락처
옥천교육지원청Wee센터	043-731-5062
음성교육지원청Wee센터	043-872-3351
제천교육지원청Wee센터	043-653-0179
진천교육지원청Wee센터	043-530-5361
청주교육지원청Wee센터	043-270-5853
충주교육지원청Wee센터	043-845-0252
- 대전	
대전시교육청 Wee센터	042-480-7878
동부교육지원청Wee센터	042-229-1250
서부교육지원청Wee센터	042-530-1004
- 전남	
강진교육지원청Wee센터	061-430-1533
고흥교육지원청Wee센터	061-830-2074
곡성교육지원청Wee센터	061-362-3994
광양교육지원청Wee센터	061-762-2821
구례교육지원청Wee센터	061-780-6690
나주교육지원청Wee센터	061-337-7179
담양교육지원청Wee센터	061-383-7179
목포교육지원청Wee센터	061-280-6624
무안교육지원청Wee센터	061-450-7025
보성교육지원청Wee센터	061-850-7125
순천교육지원청Wee센터	061-729-7779
신안교육지원청Wee센터	061-240-3690
여수교육지원청Wee센터	061-690-0833
영광교육지원청Wee센터	061-350-6645
영암교육지원청Wee센터	061-470-4135
완도교육지원청Wee센터	061-550-0575
장성교육지원청Wee센터	061-390-6195
장흥교육지원청Wee센터	061-860-1294
진도교육지원청Wee센터	061-540-5115
함평교육지원청Wee센터	061-320-6631
해남교육지원청Wee센터	061-530-1147
화순교육지원청Wee센터	061-370-7196
- 전북	
고창교육지원청Wee센터	063-560-1616

기관명	연락처
군산교육지원청Wee센터	063-450-2680
김제교육지원청Wee센터	063-540-2551
남원교육지원청Wee센터	063-635-8530
무주교육지원청Wee센터	063-324-3399
부안교육지원청Wee센터	063-580-7448
순창교육지원청Wee센터	063-650-6322
완주교육지원청Wee센터	063-270-7696
익산교육지원청 제1 Wee센터	063-850-8990
익산교육지원청 제2 Wee센터	063-852-4501
임실교육지원청Wee센터	063-640-3571
장수교육지원청Wee센터	063-350-5226
전주교육지원청덕진Wee센터	063-253-9214
전주교육지원청완산Wee센터	063-253-9523
정읍교육지원청Wee센터	063-530-3080
진안교육지원청Wee센터	063-430-6294
- 광주	
동부교육지원청Wee센터	062-605-5700
서부교육지원청Wee센터	062-600-9816
서부교육지원청광산Wee센터	062-974-0078
- 경남	
거제교육지원청Wee센터	055-636-9673
거창교육지원청Wee센터	055-940-6191
고성교육지원청Wee센터	055-673-3801
김해교육지원청Wee센터	070-8767-7571
남해교육지원청Wee센터	055-864-3653
밀양교육지원청Wee센터	055-350-1494
사천교육지원청Wee센터	055-830-1544
산청교육지원청Wee센터	055-970-3037
양산교육지원청Wee센터	055-379-3053
의령교육지원청Wee센터	055-570-7131
진주교육지원청Wee센터	055-740-2091
창녕교육지원청Wee센터	055-530-3505
창원교육지원청Wee센터	055-210-0461
통영교육지원청Wee센터	055-650-8025
하동교육지원청Wee센터	055-880-1952

기관명	연락처
함안교육지원청Wee센터	055－580－8048
함양교육지원청Wee센터	055－960－2723
합천교육지원청Wee센터	055－930－7060
－ 경북	
경산교육지원청Wee센터	053－810－7508
경주교육지원청Wee센터	054－743－7142
고령교육지원청Wee센터	054－950－2592
구미교육지원청Wee센터	054－465－6279
군위교육지원청Wee센터	054－380－8240
김천교육지원청Wee센터	054－420－5288
문경교육지원청Wee센터	054－550－5531
봉화교육지원청Wee센터	054－679－1790
상주교육지원청Wee센터	054－531－9940
성주교육지원청Wee센터	054－930－2075
안동교육지원청Wee센터	054－859－9501
영덕교육지원청Wee센터	054－730－8015
영양교육지원청Wee센터	054－680－2281
영주교육지원청Wee센터	054－630－4214
영천교육지원청Wee센터	054－330－2328
예천교육지원청Wee센터	054－650－2552
울릉교육지원청Wee센터	054－790－3032
울진교육지원청Wee센터	054－782－9915
의성교육지원청Wee센터	054－830－1125
청도교육지원청Wee센터	054－370－1122
청송교육지원청Wee센터	054－874－9360
칠곡교육지원청Wee센터	054－979－2129
포항교육지원청Wee센터	054－244－2090
－ 대구	
경북Wee센터	053－326－9279
남부교육지원청Wee센터	053－234－0151
달성교육지원청Wee센터	053－235－0060
대구가톨릭Wee센터	053－654－1388
대동Wee센터	053－746－7380
동부교육지원청Wee센터	053－232－0022
동산Wee센터	053－431－0288

기관명	연락처
서부교육지원청Wee센터	053－233－0023
영남Wee센터	053－217－2323
－ 세종	
세종시교육청 세종아람Wee센터	044－715－7979
세종시교육청Wee센터	044－320－2470
－ 강원	
강릉교육지원청Wee센터	033－640－1280
고성교육지원청Wee센터	033－680－6025
동해교육지원청Wee센터	033－530－3035
삼척교육지원청Wee센터	033－570－5104
속초양양교육지원청Wee센터	033－639－6054
양구교육지원청Wee센터	033－482－8753
영월교육지원청Wee센터	033－370－1133
원주교육지원청Wee센터	033－760－5691
인제교육지원청Wee센터	033－460－1005
정선교육지원청Wee센터	033－562－5877
철원교육지원청Wee센터	033－452－1007
춘천교육지원청Wee센터	033－259－1691
태백교육지원청 Wee센터	033－581－0804
평창교육지원청Wee센터	033－330－1794
홍천교육지원청Wee센터	033－433－9232
화천교육지원청Wee센터	033－441－9924
횡성교육지원청Wee센터	033－340－0382
－ 부산	
남부교육지원청Wee센터	051－640－0205
동래교육지원청Wee센터	051－801－9190
북부교육지원청Wee센터	051－330－1361
서부교육지원청Wee센터	051－244－3266
해운대교육지원청Wee센터	051－709－0483
－ 제주	
서귀포시교육지원청Wee센터	064－730－8181
제주시교육청Wee센터	064－754－1252

기관명	연락처
〈학교밖 청소년 지원센터〉 – 서울	
용산구 청소년지원센터 꿈드림	02–706–1318
중랑구 청소년지원센터 꿈드림	02–490–0222
강북구 청소년지원센터 꿈드림	02–6715–6665, 6667
도봉구 청소년지원센터 꿈드림	02–950–9646
서울특별시 청소년지원센터 꿈드림	02–2285–1318
노원구 청소년지원센터 꿈드림	02–2091–1388
광진구 청소년지원센터 꿈드림	02–2205–2300
성북구 청소년지원센터 꿈드림	02–3292–1780
동대문구 청소년지원센터 꿈드림	02–2237–1318
중구 청소년지원센터 꿈드림	02–2250–0543
성동구 청소년지원센터 꿈드림	02–2299–1388
은평구 청소년지원센터 꿈드림	02–384–1318
서대문구 청소년지원센터 꿈드림	02–3141–1388
마포구 청소년지원센터 꿈드림	02–3153–5900
강서구 청소년지원센터 꿈드림	02–3662–1388
구로구 청소년지원센터 꿈드림	02–863–1318
금천구 청소년지원센터 꿈드림	02–803–1873
영등포구 청소년지원센터 꿈드림	02–2637–1318
동작구 청소년지원센터 꿈드림	02–834–1358
관악구 청소년지원센터 꿈드림	02–877–9400
서초구 청소년지원센터 꿈드림	070–4858–1837~8
강남구 청소년지원센터 꿈드림	02–2226–8555
송파구 청소년지원센터 꿈드림	02–3402–1318
강동구 청소년지원센터 꿈드림	02–6252–1388
양천구 청소년지원센터 꿈드림	02–2645–1318
– 경기	
경기도 청소년지원센터 꿈드림	031–253–1519
고양시 청소년지원센터 꿈드림	031–970–4032
가평군 청소년지원센터 꿈드림	031–582–2000
과천시 청소년지원센터 꿈드림	02–2150–3991
광명시 청소년지원센터 꿈드림	02–6677–1318

기관명	연락처
광주시 청소년지원센터 꿈드림	031–760–8741
구리시 청소년지원센터 꿈드림	031–565–1388
군포시 청소년지원센터 꿈드림	031–399–1366
김포시 청소년지원센터 꿈드림	031–980–1691~6
남양주시 청소년지원센터 꿈드림	031–590–3951
동두천시 청소년지원센터 꿈드림	031–865–2000
부천시 청소년지원센터 꿈드림	032–325–3002
성남시 청소년지원센터 꿈드림	031–729–9171~6
수원시 청소년지원센터 꿈드림	031–236–1318
시흥시 청소년지원센터 꿈드림	031–318–7100
안산시 청소년지원센터 꿈드림	031–414–1318
안성시 청소년지원센터 꿈드림	070–7458–1311
안양시 청소년지원센터 꿈드림	031–8045–5012
양주시 청소년지원센터 꿈드림	031–8082–4121
양평군 청소년지원센터 꿈드림	031–775–1317
여주시 청소년지원센터 꿈드림	031–882–8889
오산시 청소년지원센터 꿈드림	031–372–4004
용인시 청소년지원센터 꿈드림	031–328–9840
의왕시 청소년지원센터 꿈드림	031–459–1334
의정부시 청소년지원센터 꿈드림	031–828–9571
이천시 청소년지원센터 꿈드림	031–634–2777
파주시 청소년지원센터 꿈드림	031–946–0022
평택시 청소년지원센터 꿈드림	031–692–1306~8
포천시 청소년지원센터 꿈드림	031–538–3398
하남시 청소년지원센터 꿈드림	031–790–6304~5
화성시 청소년지원센터 꿈드림	031–278–0179
– 인천	
인천광역시 청소년지원센터 꿈드림	032–721–2300
계양구 청소년지원센터 꿈드림	032–547–0853

기관명	연락처
미추홀구 청소년지원센터 꿈드림	032－868－9846~7
남동구 청소년지원센터 꿈드림	032－453－5877~8
동구 청소년지원센터 꿈드림	032－777－1383
연수구 청소년지원센터 꿈드림	032－822－9840~1
중구 청소년지원센터 꿈드림	032－765－1009
서구 청소년지원센터 꿈드림	032－584－1387
부평구 청소년지원센터 꿈드림	032－509－8916
－ 충청북도	
충청북도 청소년지원센터 꿈드림	043－257－0105~6
청주시 청소년지원센터 꿈드림	043－223－0753
서청주 청소년지원센터 꿈드림	043－264－8807~8
충주시 청소년지원센터 꿈드림	043－842－2007
제천시 청소년지원센터 꿈드림	043－642－7949
괴산군 청소년지원센터 꿈드림	043－830－3828
단양군 청소년지원센터 꿈드림	043－421－8370
보은군 청소년지원센터 꿈드림	043－542－1388
영동군 청소년지원센터 꿈드림	043－744－5700
옥천군 청소년지원센터 꿈드림	043－731－1388
음성군 청소년지원센터 꿈드림	043－872－9024
증평군 청소년지원센터 꿈드림	043－835－4193
진천군 청소년지원센터 꿈드림	043－536－3430
－ 충청남도	
충청남도 청소년지원센터 꿈드림	041－554－1380
천안시 청소년지원센터 꿈드림	041－523－1318
공주시 청소년지원센터 꿈드림	041－854－7942
보령시 청소년지원센터 꿈드림	041－935－1388
아산시 청소년지원센터 꿈드림	041－544－1388
서산시 청소년지원센터 꿈드림	041－669－2000
논산시 청소년지원센터 꿈드림	041－736－2041
계룡시 청소년지원센터 꿈드림	042－841－0343
당진시 청소년지원센터 꿈드림	041－360－6961
금산군 청소년지원센터 꿈드림	041－751－1383
서천군 청소년지원센터 꿈드림	041－953－4040
청양군 청소년지원센터 꿈드림	041－942－1387
홍성군 청소년지원센터 꿈드림	041－642－1388
예산군 청소년지원센터 꿈드림	041－335－1388
태안군 청소년지원센터 꿈드림	041－674－2800
－ 대전	
대전광역시 청소년지원센터 꿈드림	042－222－1388
서구 청소년지원센터 꿈드림	042－527－1388
유성구 청소년지원센터 꿈드림	042－826－1388
－ 세종	
세종특별시 청소년지원센터 꿈드림	044－868－1318
－ 전라북도	
전라북도 청소년지원센터 꿈드림	063－273－1388
김제시 청소년지원센터 꿈드림	063－545－0112
정읍시 청소년지원센터 꿈드림	063－531－3000
전주시 청소년지원센터 꿈드림	063－227－1005
무주군 청소년지원센터 꿈드림	063－324－6688
완주군 청소년지원센터 꿈드림	063－291－3303
익산시 청소년지원센터 꿈드림	063－852－1388
군산시 청소년지원센터 꿈드림	063－468－2870
순창군 청소년지원센터 꿈드림	063－652－1388
남원시 청소년지원센터 꿈드림	063－633－1977
－ 전라남도	
나주시 청소년지원센터 꿈드림	061－335－1388
전라남도 청소년지원센터 꿈드림	061－242－7474
목포시 청소년지원센터 꿈드림	061－284－0924
여수시 청소년지원센터 꿈드림	070－8824－1318
순천시 청소년지원센터 꿈드림	061－749－4236
광양시 청소년지원센터 꿈드림	061－795－7008
담양군 청소년지원센터 꿈드림	061－381－1382
곡성군 청소년지원센터 꿈드림	061－363－9586
보성군 청소년지원센터 꿈드림	061－853－1381

기관명	연락처
강진군 청소년지원센터 꿈드림	061-432-1388
해남군 청소년지원센터 꿈드림	061-537-1318
무안군 청소년지원센터 꿈드림	061-454-5285
함평군 청소년지원센터 꿈드림	061-323-9995
영광군 청소년지원센터 꿈드림	061-353-6188
장성군 청소년지원센터 꿈드림	061-393-1387
신안군 청소년지원센터 꿈드림	061-240-8703
- 광주	
광주광역시 청소년지원센터 꿈드림	062-376-1324
동구 청소년지원센터 꿈드림	062-673-1318
서구 청소년지원센터 꿈드림	062-710-1388
남구 청소년지원센터 꿈드림	062-716-1324
북구 청소년지원센터 꿈드림	062-268-1318
광산구 청소년지원센터 꿈드림	062-951-1378
- 경상북도	
칠곡군 청소년지원센터 꿈드림	054-971-0425
고령군 청소년지원센터 꿈드림	054-956-1320
봉화군 청소녀지원센터 꿈드림	054-674-1318
경상북도 청소년지원센터 꿈드림	054-850-1003
포항시 청소년지원센터 꿈드림	054-240-9171
경주시 청소년지원센터 꿈드림	054-760-7744~5
김천시 청소년지원센터 꿈드림	054-431-2009
안동시 청소년지원센터 꿈드림	054-841-7937
구미시 청소년지원센터 꿈드림	054-472-2000, 1388
영주시 청소년지원센터 꿈드림	054-639-5865
영천시 청소년지원센터 꿈드림	054-338-2000
상주시 청소년지원센터 꿈드림	054-537-6723~4
문경시 청소년지원센터 꿈드림	054-550-6600
경산시 청소년지원센터 꿈드림	053-815-4106
울진군 청소년지원센터 꿈드림	054-789-5436

기관명	연락처
- 경상남도	
창녕군 청소년지원센터 꿈드림	055-532-2000
창원시 마산 청소년지원센터 꿈드림	055-225-7293
경상남도 청소년지원센터 꿈드림	055-711-1336
창원시 청소년지원센터 꿈드림	055-225-3893~4
진주시 청소년지원센터 꿈드림	055-744-8484
통영시 청소년지원센터 꿈드림	055-644-2000
사천시 청소년지원센터 꿈드림	055-832-7942
김해시 청소년지원센터 꿈드림	055-324-9190
밀양시 청소년지원센터 꿈드림	055-352-0924
거제시 청소년지원센터 꿈드림	055-639-4980
양산시 청소년지원센터 꿈드림(본소)	055-372-2000
양산시 청소년지원센터 꿈드림(음상분소)	055-367-1318
의령군 청소년지원센터 꿈드림	055-573-1388
함안군 청소년지원센터 꿈드림	055-583-0921
고성군 청소년지원센터 꿈드림	055-670-2921
남해군 청소년지원센터 꿈드림	055-864-7962
하동군 청소년지원센터 꿈드림	055-884-3001
산청군 청소년지원센터 꿈드림	055-970-6591
함양군 청소년지원센터 꿈드림	055-963-7922
거창군 청소년지원센터 꿈드림	055-940-3969
합천군 청소년지원센터 꿈드림	055-930-3911
- 대구	
대구광역시 청소년지원센터 꿈드림	053-431-1388~7
중구 청소년지원센터 꿈드림	053-422-2121
동구 청소년지원센터 꿈드림	053-963-9400
서구 청소년지원센터 꿈드림	053-216-8310
남구 청소년지원센터 꿈드림	053-652-5656
북구 청소년지원센터 꿈드림	053-384-6985
수성구 청소년지원센터 꿈드림	053-666-4205~6

기관명	연락처
달서구 청소년지원센터 꿈드림	053-592-1378
달성군 청소년지원센터 꿈드림	053-617-1388
- 강원도	
속초시 청소년지원센터 꿈드림	033-635-0924
강원도 청소년지원센터 꿈드림	033-257-9805
강릉시 청소년지원센터 꿈드림	033-655-1388
동해시 청소년지원센터 꿈드림	033-535-1038
영월군 청소년지원센터 꿈드림	033-375-1318
원주시 청소년지원센터 꿈드림	033-813-1318, 1319
정선군 청소년지원센터 꿈드림	033-591-1311
철원군 청소년지원센터 꿈드림	033-450-5388
홍천군 청소년지원센터 꿈드림	033-432-1386
춘천시청소년지원센터 꿈드림	033-818-1318
- 울산	
울산광역시 청소년지원센터 꿈드림	052-227-2000
남구 청소년지원센터 꿈드림	052-291-1388
동구 청소년지원센터 꿈드림	052-232-5900
울주군 청소년지원센터 꿈드림	052-229-9634~5
북구 청소년지원센터 꿈드림	052-283-1388
- 부산	
부산광역시 청소년지원센터 꿈드림	051-304-1318
강서구 청소년지원센터 꿈드림	051-972-4595
금정구 청소년지원센터 꿈드림	051-714-2079
기장군 청소년지원센터 꿈드림	051-792-4926~7
남구 청소년지원센터 꿈드림	051-621-4831
동래구 청소년지원센터 꿈드림	051-558-8833
부산진구 청소년지원센터 꿈드림	051-868-0950
북구 청소년지원센터 꿈드림	051-334-3003
사상구 청소년지원센터 꿈드림	051-316-2214
사하구 청소년지원센터 꿈드림	051-207-7179
서구 청소년지원센터 꿈드림	051-714-0701
수영구 청소년지원센터 꿈드림	051-759-8422
연제구 청소년지원센터 꿈드림	051-507-7658
영도구 청소년지원센터 꿈드림	051-405-5224
해운대구 청소년지원센터 꿈드림	051-715-1377~9
- 제주	
제주특별자치도 청소년지원센터 꿈드림	064-759-9951
제주시 청소년지원센터 꿈드림	064-725-7999
서귀포시 청소년지원센터 꿈드림	064-763-9191

노인 관련 기관

기관명	연락처
〈노인보호전문기관〉	
중앙	02－3667－1389
서울남부	02－3472－1389
서울북부	02－921－1389
경기남부	031－736－1389
경기서부	032－683－1389
경기북부	031－821－1461
인천	032－426－8792~4
충북	043－259－8120~2
충북북부	043－846－1380~2
충남	041－534－1389
충남남부	041－734－1388,1389
대구남부	053－472－1389
대구북부	053－357－1389
전북	063－273－1389
전북서부	063－443－1389
전남	061－753－1389
전남서부	061－281－2391
광주	062－655－4155~7
경북	054－248－1389
경북서북부	054－655－1389,1390
경북서남부	054－436－1390
경남	055－222－1389
경남서부	055－754－1389
대전	042－472－1389
강원도	033－253－1389
강원동부	033－655－1389
강원남부	033－744－1389
울산	052－265－1380,1389
부산동부	051－468－8850
부산서부	051－867－9119
제주	064－757－3400
제주서귀포시	064－763－1999
한국노인의전화	062－351－5070

건강가정 · 다문화가족지원센터

기관명	연락처
〈건강가정 · 다문화가족지원센터〉 – 서울	
강남구	02–3412–2222
강동구	02–471–0812, 02–473–4986
강북구	02–987–2567
강서구	02–2606–2017
관악구	02–883–9383, 02–883–9390
관악구 (2센터)	
광진구	02–458–0622
구로구	02–830–0450
금천구	02–803–7747
노원구	02–979–3501
도봉구	02–995–6800
동대문구	02–957–0760
동작구	02–599–3301, 02–599–3260
마포구	02–3142–5482, 02–3142–5027
서대문구	02–322–7595
서울시	02–318–0227
서초구	02–576–2852
서초구 (2센터)	
성동구	02–3395–9447
성북구	02–3290–1660, 02–922–3304
송파구	02–443–3844
양천구	02–2065–3400
영등포구	02–2678–2193
용산구	02–797–9184
은평구	02–376–3761
종로구	02–764–3524
중구	02–2279–3891
중랑구	02–435–4142
– 경기	
가평군	070–7510–5871

기관명	연락처
경기도	031–8008–8008
고양시	031–969–4041
과천시	02–503–0070
광명시	02–2615–0453
광주시	031–798–7137
구리시	031–556–3874
군포시	031–392–1811
김포시	031–996–5920
남양주시	031–556–8212
동두천시	031–863–3801, 031–863–3802
부천시	032–326–4212
성남시	031–755–9327
수원시	031–245–1310,1
시흥시	031–317–4522, 031–317–4524
안산시	031–501–0033
안성시	031–677–9336, 031–677–7191
안양시	031–8045–5572
양주시	031–858–5681
양평군	031–775–5957
여주시	031–886–0321
연천군	031–835–0093
오산시	031–378–9766, 031–372–1335
용인시	031–323–7131
의왕시	031–429–8931
의정부시	031–878–7117, 031–878–7880
이천시	031–637–5525
파주시	031–949–9161
평택시	031–615–3952
포천시	1577–9337, 031–532–2062
하남시	031–790–2966
화성시	031–267–8787
– 인천	
강화군	032–932–1005, 032–933–0980

기관명	연락처
계양구	032－547－1017
남동구	032－467－3904
미추홀구	032－875－2993
부평구	032－508－0121
연수구	032－851－2730
인천동구	032－760－4904
인천서구	032－569－1560
인천중구	032－763－9337
－ 충청북도	
괴산군	043－832－1078
음성군	043－873－8731
제천시	043－645－1995
증평군	043－835－3572
진천군	043－537－5435
청주시	043－263－1817
충주시	043－857－5960
－ 충청남도	
공주시	041－853－0881
금산군	041－750－3990
논산시	041－733－7800
당진시	041－360－3200
보령시	041－934－3133
서산시	041－664－2710
서천군	041－953－3808
아산시	041－548－9772
예산군	041－332－1366
천안시	070－7733－8300
태안군	041－670－2523, 041－670－2396
홍성군	041－631－9337
－ 대전	
대전서구	042－520－5928
대전시	042－252－9989, 042－932－9995
－ 세종	
세종시	044－862－9336
－ 전라북도	

기관명	연락처
군산시	063－443－5300
남원시	063－631－6700
무주군	063－322－1130
완주군	063－261－1033
익산시	063－838－6046
전주시	063－231－0182
정읍시	063－535－1283
－ 전라남도	
강진군	061－433－9004
곡성군	061－362－5411
광양시	061－797－6800
구례군	061－781－8003
나주시	061－331－0709
목포시	061－247－2311
보성군	061－852－2664
순천시	061－750－5353
여수시	061－659－4167
영광군	061－353－8880
영암군	061－463－2929
완도군	061－555－4100
장성군	061－393－5420
장흥군	061－864－4813
함평군	061－324－5431
해남군	061－534－0215, 061－534－0017
화순군	061－375－1057
－ 광주	
광산구	062－959－9337
광주남구	062－351－9337
광주동구	062－234－5790
광주북구	062－430－2963
광주서구	062－369－0072
－ 경상북도	
경산시	053－816－4071
구미시	054－443－0541
김천시	054－431－7740

기관명	연락처
상주시	054-531-3543
안동시	054-823-6008
영덕군	054-730-7373
영주시	054-634-5431
울릉군	054-791-0205
의성군	054-832-5440
청도군	054-373-8131
칠곡군	054-975-0833
포항시	054-244-9702
- 경상남도	
경상남도	055-716-2363
김해시	055-329-6355
밀양시	055-351-4404~4407
사천시	055-832-0345
산청군	055-972-1018
양산시	055-382-0988
의령군	055-573-8400
진주시	055-749-5445
창녕군	055-533-1305
창원시	055-225-3951
창원시마산	055-244-8745
통영시	055-640-7741, 7742
하동군	055-880-6520
함양군	055-963-2057
- 대구	
달서구	053-593-1511
달성군	053-636-7390
대구남구	053-471-2326, 053-475-2324
대구동구	053-961-2202
대구북구	053-327-2994, 053-327-2994
대구서구	053-355-8042, 053-341-8312
대구중구	053-431-1230
수성구	053-795-4300
- 강원	
강릉시	033-648-3019
고성군	033-681-9333
동해시	033-535-8377, 033-535-8378
삼척시	033-576-0761
속초시	033-637-2680
양구군	033-481-8664
양양군	033-670-2943
영월군	033-375-8400
원주시	033-764-8612
인제군	033-462-3651
정선군	033-562-3458 033-563-3458
철원군	033-452-7800
춘천시	033-251-8014
태백시	033-554-4003
평창군	033-332-2063 033-332-2064
홍천군	033-433-1915
화천군	033-442-2342
횡성군	033-344-3458~9
- 울산	
울산남구	052-274-3136
울산동구	052-232-3351
울산북구	052-286-0025
울산중구	052-248-1103
울주군	052-229-9600
- 부산	
금정구	051-513-2131
부산동래구	051-506-5765
부산시	051-330-3406
부산진구	051-802-2900
사상구	051-328-0042
사하구	051-203-4588
수영구	051-758-3073
연제구	051-851-5002
영도구	051-414-9605

기관명	연락처
해운대구	051－782－7002
－ 제주	
서귀포시	064－760－6488
제주시	064－725－8005, 064－725－8015

알코올 · 중독 관련 기관

기관명	연락처
한국마약퇴치운동본부 (중앙본부)	02-2677-2245
한국도박문제관리센터	1336
한국마약퇴치운동본부 (중독재활센터)	02-2679-0436~7
〈알코올 전문 병원〉	
다사랑중앙병원	1544-2838, 031-340-5040, 5009
진병원	1577-1581
카프병원	031-810-9200
예사랑병원	1566-1308, 043-298-7337
주사랑병원	043-286-0692
한사랑병원	055-722-7000, 7004(상담)
다사랑병원	062-380-3800
〈중독관리 통합지원센터〉 - 서울	
강북구중독관리통합지원센터	02-989-9223
구로중독관리통합지원센터	02-2679-9353
노원구중독관리통합지원센터	02-2116-3677
도봉중독관리통합지원센터	02-6082-6793
- 경기도	
성남시중독관리통합지원센터	031-751-2768
수원시중독관리통합지원센터	031-256-9478
안산시중독관리통합지원센터	031-411-8445
안양시중독관리통합지원센터	031-464-0175
파주시중독관리통합지원센터	031-948-8004
화성시중독관리통합지원센터 (정남분소)	031-354-6614
화성시중독관리통합지원센터 (동탄분소)	
의정부시중독관리통합지원센터	031-829-5001

기관명	연락처
- 인천	
계양구중독관리통합지원센터	032-555-8765
부평구중독관리통합지원센터	032-507-3404
인천동구중독관리통합지원 센터	032-764-1183
연수구중독관리통합지원센터	032-236-9477
인천남동구중독관리통합지원 센터	032-468-6412
- 충정북도	
청주시중독관리통합지원센터	043-272-0067
- 충청남도	
아산시중독관리통합지원센터	041-537-3332
천안시중독관리통합지원센터	041-577-8097
- 대전	
대덕구중독관리통합지원센터	042-635-8275
대전서구중독관리통합지원 센터	042-527-9125
대전동구중독관리통합지원 센터	042-286-8275
- 전라북도	
군산시중독관리통합지원센터	063-464-0061
전주시중독관리통합지원센터	063-223-4567
- 전라남도	
목포시중독관리통합지원센터	061-284-9694
여수시중독관리통합지원센터	061-659-4255
- 광주	
광주서구중독관리센터	062-654-3802
광주북구중독관리센터	062-526-3370
광주동구중독관리센터	062-222-5666
광주남구중독관리통합지원 센터	062-412-1461
광주광산구중독관리센터	062-714-1233
- 경상북도	
구미중독관리통합지원센터	054-474-9791

기관명	연락처
포항중독관리통합지원센터	054－270－4148
－ 경상남도	
김해중독관리통합지원센터	055－314－0317
마산중독관리통합지원센터	055－247－6994
진주중독관리통합지원센터	055－758－7801
창원중독관리통합지원센터	055－261－5011
－ 대구	
대구동부중독관리통합지원센터	053－957－8817
대구서부중독관리통합지원센터	053－638－8778
－ 강원도	
강릉시중독관리통합지원센터	033－653－9667~8
원주시중독관리통합지원센터	033－748－5119
춘천시중독관리통합지원센터	033－ 255－3482
－ 울산	
울산남구중독관리통합지원센터	052－275－1117
울산중구중독관리통합지원센터	052－245－9007
－ 부산	
부산중독관리통합지원센터	051－ 246－7574
부산북구중독관리통합지원센터	051－362－5482
사상구중독관리통합지원센터	051－988－1191
해운대중독관리통합지원센터	051－545－1172
－ 제주도	
제주중독관리통합지원센터	064－759－0911
제주서귀포중독관리통합지원센터	064－760－6037

범죄 피해 관련 기관

기관	연락처
법무부 인권구조과	02－2110－3263
대검 피해자인권과	02–3480–2303~5
검찰청(피해자지원실)	1577－2584
범죄피해자지원센터	1577－1295
스마일센터	02－472－1295
대한법률구조공단	132
한국가정법률상담소	1644－7077
법률홈닥터	02－2110－4253
경찰청(피해자지원경찰관)	182
경찰청(피해자보호 담당관실)	02－3150－2335
〈해바라기센터〉 － 서울	
서울북부해바라기센터(통합)	02－3390－4145
서울남부해바라기센터(통합)	02－870－1700
서울동부해바라기센터	02－3400－1700
서울해바라기센터(통합)	02－3672－0365
서울중부해바라기센터(통합)	02－2266－8276
서울해바라기센터(아동)	02－3274－1375
－ 경기도	
경기북서부해바라기센터(통합)	031－816－1375
경기서부해바라기센터	031－364－8117
경기북동부해바라기센터	031－874－3117
경기해바라기센터(아동)	031－708－1375
－ 인천	
인천해바라기센터(아동)	032－423－1375
인천동부해바라기센터	032－582－1170
인천북부해바라기센터	032－280－5678
－ 충청북도	
충북해바라기센터	043－272－7117
충북해바라기센터(아동)	043－857－1375
－ 충청남도	
충남해바라기센터	041－567－7117

기관	연락처
－ 대전	
대전해바라기센터(통합)	042－280－8436
－ 전라북도	
전북서부해바라기센터	063－859－1375
전북해바라기센터	063－278－0117
전북해바라기센터(아동)	063－246－1375
－ 전라남도	
전남서부해바라기센터(통합)	061－285－1375
전남동부해바라기센터	061－727－0117
－ 광주	
광주해바라기센터	062－225－3117
광주해바라기센터(아동)	062－232－1375
－ 경상북도	
경북서부해바라기센터	054－439－9600
경북북부해바라기센터	054－843－1117
경북동부해바라기센터(통합)	054－278－1375
－ 경상남도	
경남해바라기센터	055－245－8117
경남해바라기센터(아동)	055－754－1375
－ 대구	
대구해바라기센터	053－556－8117
대구해바라기센터(아동)	053－421－1375
－ 강원도	
강원동부해바라기센터(통합)	033－652－9840
강원서부해바라기센터(통합)	033－252－1375
－ 울산	
울산해바라기센터(통합)	052－265－1375
－ 부산	
부산해바라기센터(통합)	051－244－1375
부산동부해바라기센터	051－501－9117
－ 제주	
제주해바라기센터(통합)	064－749－5117

기관	연락처
〈스마일센터〉	
스마일센터총괄지원단	02－333－1295
서울동부스마일센터	02－473－1295
서울서부스마일센터	02－332－1295
부산스마일센터	051－582－1295
인천스마일센터	032－433－1295
광주스마일센터	062－417－1295
대구스마일센터	053－745－1295
대전스마일센터	042－526－1295
춘천스마일센터	033－255－1295
전주스마일센터	063－246－1295
수원스마일센터	031－235－1295
의정부스마일센터	031－841－1295
〈범죄피해자지원센터〉	
한국범죄피해자지원중앙센터 (강남구, 관악구, 동작구, 서초구, 종로구, 중구)	02－534－4901, 1577－1295(전국)
서울동부범죄피해자지원센터 (강동구, 광진구, 성동구, 송파구)	02－455－4954,5005
서울남부범죄피해자지원센터 (강서구, 구로구, 금천구, 양천구, 영등포구)	02－2645－1301, 02－2644－1302
서울서부범죄피해자지원센터 (마포구, 서대문구, 용산구, 은평구)	02－3270－4504, 4505
서울북부범죄피해자지원센터 (강북구, 노원구, 도봉구, 동대문구, 성북구, 중랑구)	02－3399－4776
경기북부범죄피해자지원센터 (의정부시, 남양주시, 구리시, 동두천시, 양주시, 포천시, 연천군, 가평군, 철원군)	031－820－4678, 031－873－4678
고양 · 파주지역범죄피해자지원센터 (고양시, 파주시)	031－932－8291
부천 · 김포범죄피해자지원센터	032－329－2580,

기관	연락처
(부천시, 김포시)	032－320－4671~2
수원지역범죄피해자지원센터 (수원시, 용인시, 오산시, 화성시)	031－210－4761, 031－211－0266
성남 · 광주 · 하남범죄피해자지원센터 (성남시, 광주시, 하남시)	031－715－0090, 031－736－1090
여주 · 이천 · 양평범죄피해자지원센터 (이천시, 여주시, 양평군)	031－885－1188, 031－880－4510
평택 · 안성 범죄피해자지원센터 (평택시, 안성시)	031－656－2828, 031－657－2828
안산 · 시흥 · 광명범죄피해자지원센터 (안산시, 시흥시, 광명시)	031－475－3310
안양지역범죄피해자지원센터 (안양시, 과천시, 군포시, 의왕시)	031－387－0050
인천범죄피해자지원센터 (강화군, 계양구, 남구, 동구, 부평구, 서구, 연수구, 옹진군, 중구)	032－868－4999
춘천지역범죄피해자지원센터 (춘천시, 인제군, 홍천군, 화천군, 양구군)	033－244－0335, 033－240－4505
강릉지역범죄피해자지원센터 (강릉시, 동해시, 삼척시)	033－641－4163, 033－660－4520
원주 · 횡성 범죄피해자지원센터 (원주시, 횡성군)	033－742－3100, 033－769－4618
속초지역범죄피해자지원센터 (속초시, 고성군, 양양군)	033－638－1111
영월지역범죄피해자지원센터 (태백시, 영월군, 평창군, 정선군)	033－375－9119
대전범죄피해자지원센터	042－472－0082,

기관	연락처
(대덕구, 유성구, 동구, 서구, 중구, 세종특별자치시, 금산군)	0282
홍성지역범죄피해자지원센터 (보령시, 서천군, 예산군, 홍성군)	041-631-4915, 041-631-4911
공주·청양범죄피해자지원센터 (공주시, 청양군)	041-856-2828, 041-840-4559
논산·부여·계룡범죄피해자지원센터 (논산시, 계룡시, 부여군)	041-745-2030
서산지역범죄피해자지원센터 (서산시, 당진시, 태안군)	041-660-4377, 041-667-7731
천안·아산범죄피해자지원센터 (아산시, 천안시)	041-533-6090
청주범죄피해자지원센터 (청주시, 청원군, 보은군, 괴산군, 진천군, 증평군)	043-288-0141, 043-299-4678
충주·음성 범죄피해자지원센터 (충주시, 음성군)	043-856-2526, 043-841-4699
제천·단양 범죄피해자지원센터 (제천시, 단양군)	043-643-1295, 043-648-1295
영동·옥천 범죄피해자지원센터 (영동군, 옥천군)	043-742-3800, 043-740-4579
대구·경북 범죄피해자지원센터 (수성구, 북구, 중구, 남구, 동구, 경산시, 영천시, 청도군, 칠곡군)	053-752-4444, 053-740-4440
대구서부범죄피해자지원센터 (달서구, 달성군, 서구, 성주군, 고령군)	053-573-7400, 053-573-7401
경북북부범죄피해자지원센터 (안동시, 영주시, 봉화군)	054-854-7600, 054-852-7200
경주범죄피해자지원센터(경	054-777-1295

기관	연락처
주시)	
포항범죄피해자지원센터 (포항시)	054-276-8112
김천지역범죄피해자지원센터	054-430-9091
구미지역범죄피해자지원센터	054-462-9090
상주·문경·예천범죄피해자지원센터 (상주시, 문경시, 예천군)	054-533-6047
의성·군위·청송범죄피해자지원센터 (의성군, 군위군, 청송군)	054-834-2820, 054-830-4548
영덕·울진·영양범죄피해자지원센터 (영덕군 울진군, 영양군)	054-733-9495, 054-730-4979
부산범죄피해자지원센터 햇살 (금정구, 동래구, 연제구, 부산진구, 동구, 영도구, 중구)	051-558-8893~4
부산동부범죄피해자지원센터광명 (남구, 수영구, 해운대구, 기장군)	051-781-1144, 051-780-4686
부산서부범죄피해자지원센터 (사상구, 사하구, 북구, 강서구, 서구)	051-205-4497
울산범죄피해자지원센터 (남구, 동구, 북구, 울주군, 중구, 양산시)	052-265-9004
경남범죄피해자지원센터 (창원시(성산구, 의창구, 진해구), 김해시)	055-239-4579, 055-286-8286
진주지역범죄피해자지원센터 '등불' (진주시, 사천시, 남해군, 하동군, 산청군)	055-748-1301
통영·거제·고성범죄피해자지원센터 (거제시, 통영시, 고성군)	055-648-6200
밀양·창녕 범죄피해자지원	055-356-8272

기관	연락처
센터 (밀양시,창녕군)	
거창 · 합천 · 함양범죄피해자지원센터 (거창군,합천군,함양군)	055－945－2325
마산 · 함안 · 의령범죄피해자지원센터 (창원시마산합포구,함안군,창원시마산회원구,의령군)	055－242－6688
광주전남범죄피해자지원센터 (광산구,북구,서구,남구,동구,곡성군,담양군,장성군,영광군,화순군,나주시)	062－225－4752
〈(사)한국피해자지원협회〉	
(사)한국피해자지원협회 서울서부	02－351－9926
(사)한국피해자지원협회 서울남부	02－782－1002
(사)한국피해자지원협회 서울북부	02－908－0977
(사)한국피해자지원협회 경기동부	031－711－9278
(사)한국피해자지원협회 경기남부	031－211－7676
(사)한국피해자지원협회 경기북부	031－967－3238
(사)한국피해자지원협회 경기북서	031－902－6480
(사)한국피해자지원협회 인천	032－503－7179
(사)한국피해자지원협회 충북	043－224－9517
(사)한국피해자지원협회 충남	041－572－7004
(사)한국피해자지원협회 전남	061－284－0075
(사)한국피해자지원협회 전북	063－907－1112, 063－907－111

기관	연락처
(사)한국피해자지원협회 대전	042－628－9517
(사)한국피해자지원협회 강원	033－251－8840
(사)한국피해자지원협회 대구경북	053－421－8117
(사)한국피해자지원협회 경남울산	055－337－1525
(사)한국피해자지원협회 부산	051－999－7612

성폭력 관련 기관

기관명	연락처
〈전국 성폭력 상담소〉 - 서울	
한국성폭력상담소	02-338-5801
한국성폭력위기센터	02-883-9284~5
장애여성성폭력상담소	02-3013-1367
한사회장애인성폭력상담소	02-2658-1366
이레성폭력상담소	02-3281-1366
벧엘케어상담소	02-896-0401,08
가족과성건강아동청소년상담소	070-8128-1366
천주교성폭력상담소	02-825-1273
한국성폭력상담소	02-338-2890
한국여성민우회 성폭력상담소	02-739-8858
탁틴내일청소년성폭력상담소	02-338-8043
서울여성장애인성폭력상담소	02-3675-4465~6
한국여성의전화 성폭력상담소	02-3156-5400
꿈누리 여성장애인 상담소	02-902-3356
- 경기도	
(사)씨알여성회부설 성폭력상담소	031-797-7031
군포여성민우회성폭력상담소	031-397-8149
남양주가정과성상담소	031-558-1366
동두천성폭력상담소	031-861-5555
부천여성의전화부설 성폭력상담	032-328-9713
부천청소년성폭력상담소	031-655-1366
(사)경원사회복지회부설 여성장애인성폭력상담소	031-755-2526
(사)성남여성의전화부설 성폭력상담소	031-751-2050
안산YWCA 여성과 성 상담소	031-413-9414
안양여성의전화부설 성폭력상담소	031-442-5385
연천 행복뜰상담소	031-832-1315
용인성폭력상담소	031-281-1366
의왕장애인성폭력상담센터	031-462-1366

기관명	연락처
의정부장애인성폭력상담소	031-840-9204
파주성폭력상담소'함께'	031-946-2096
평택성폭력상담소	031-658-6614
포천가족성상담센터	031-542-3171
하남YWCA부설 성폭력상담소	031-796-1274
- 인천	
인구보건복지협회 인천성폭력상담소	032-451-4094
(사)인천장애인지적협회 장애인성폭력상담소	032-424-1366
오내친구장애인성폭력상담소(장애인)	032-506-5479
- 충청북도	
제천성폭력상담소	043-652-0049
청주여성의전화 청주성폭력상담소	043-252-0966
청주여성장애인성폭력상담소	043-224-9414
인구보건복지협회부설 청주성폭력상담소	043-264-1366
충주성폭력상담소	043-845-1366
- 충청남도	
뎀나무상담지원센터	041-852-1950
장애인성폭력아산상담소(장애인)	041-541-1514
아산가정성상담지원센터	041-546-9181
천안여성의전화부설 성폭력상담소	041-561-0303
(사)충남성폭력상담소	041-564-0026
천안장애인성폭력상담소	041-592-6500
태안군성인권상담센터	041-675-9536
홍성성가정폭력통합상담소	041-634-9949
- 대전	
동대전장애인성폭력상담소	042-637-1366
대전여성장애인성폭력상담소	042-223-8866

기관명	연락처
대전YWCA 성폭력상담소	042－254－3038
대전성폭력상담소	042－712－1367
－ 전라북도	
군산성폭력상담소	063－442－1570
(사)성폭력예방치료센터 김제지부 성폭력상담소	063－546－8366
익산성폭력상담소	063－834－1366
새벽이슬장애인성폭력상담소	063－223－3015
(사)성폭력예방치료센터부설 성폭력상담소	063－236－0152
(사)성폭력예방치료센터 정읍지부 성폭력상담소	063－531－1366
－ 광주	
인구보건복지협회 광주성폭력상담소	062－673－1366
광주여성장애인성폭력상담소	062－654－1366
광주여성민우회 성폭력상담소	062－521－1361
－ 경상북도	
새경산성폭력상담소	053－814－1318
경산로뎀성폭력상담소	053－853－5276
경주다움성폭력상담센터	054－777－1366
구미여성종합상담소(통합)	054－463－1386
영남여성장애인성폭력상담소	054－443－1365
문경열린종합상담소(통합)	054－555－8207
필그림가정복지상담소(통합)	054－534－9996
경북여성장애인성폭력상담소	054－843－1366
(사)칠곡종합상담센터(통합)	054－973－8290
(사)한마음부설 한마음상담소	054－278－4330
－ 대구	
(사)대구여성의전화부설 성폭력상담소	053－471－6484
인구보건복지협회 대구경북지회 성폭력상담소	053－566－1900
－ 강원도	
동해가정폭력 · 성폭력상담소	033－535－4943
(사)속초여성인권센터 속초성	033－637－1988

기관명	연락처
폭력상담소	
영월성폭력상담소	033－375－1366
아라리가족성상담소	033－563－8666
－ 울산	
울산장애인인권복지협회부설 울산장애인성폭력상담센터	052－246－1368
울산성폭력상담소	052－245－1366
－ 부산	
기장열린성가정상담소	051－531－1366
부산장애인연대부설 성폭력상담소	051－583－7735
인구보건복지협회 성폭력상담소	051－624－5584
다함께 성 · 가정상담센터	051－357－1377
〈전국 가정폭력상담소〉 － 서울	
강서양천가정폭력상담소	02－2605－8455
월계우리가족상담소	02－904－0179
동산가정폭력상담소	02－599－7646
(사)한국여성상담센터	02－953－1704
잠실가정폭력상담소	02－2202－7806
남성의전화부설 서울가정폭력상담센터	02－2653－1366
은평가정폭력상담소	02－326－1366
한국가정법률상담소 중구지부부설 가정폭력상담소	02－2238－6551
－ 경기도	
고양YWCA가족사랑상담소	031－919－4040
광명여성의전화 부설 가정폭력상담소	02－2060－0245
(사)가화가족상담센터	031－551－9976
(사)김포여성의전화부설 가정폭력상담소	031－986－0136
부천가정폭력상담소	032－667－2314
사단법인 수원여성의전화 부설 성 · 가정폭력통합상담소	031－232－7795

기관명	연락처
시흥여성의전화부설 가정폭력상담소	031-496-9391
경기가정폭력상담소	031-419-1366
안양YWCA가정폭력상담소	031-427-1366
양주가정폭력상담소	031-8647546
양평가정상담소	031-775-4983
행가래로 의왕가정,성상담소	031-459-1311
경기북부가정문제상담소	031-876-7544
이천가정성상담소	031-638-7200
한국가정법률상담소 평택안성지부부설가정폭력상담소	031-611-4252
(사)정해복지부설 하남행복한가정상담소	031-794-4111
- 인천	
(사)인천내일을여는집 가족상담소	032-543-7179
중구가정폭력상담소	032-761-7070
- 충청북도	
음성가정(성)폭력상담소	043-873-1330
청주가정법률상담소 부설 가정폭력상담소	043-257-0088
청주YWCA여성종합상담소	043-268-3007
충주YWCA가정폭력상담소	043-842-9888
- 충청남도	
주시가족상담센터	041-854-1366
논산YWCA가정폭력상담소	041-736-8297
대천가족성통합상담센터	041-936-7941
서산가족상담지원센터	041-668-8566
가족성장상담소남성의소리	041-572-0115
- 대전	
대전가톨릭가정폭력상담소	042-636-2036
대전열린가정폭력상담소	042-625-5441
- 전라북도	
군산여성의전화부설가정폭력상담소	063-445-2285
남원YWCA가정폭력상담소	063-625-1318

기관명	연락처
한국가정법률상담소익산지부부설가정폭력상담소	063-851-5113
익산여성의전화부설가정폭력상담소	063-858-9191
전주가정폭력상담소	063-244-0227
전주여성의전화부설 가정폭력상담소	063-287-7325
정읍가정폭력상담소	063-535-8223
- 전라남도	
광양여성상담센터	061-761-1254
목포여성상담센터	061-285-1366
무안열린가정상담센터	061-454-1365
순천여성상담센터	061-753-9900
여수여성상담센터	061-654-5211
영광여성상담센터	061-352-1322
영암행복한가정상담센터	061-461-1366
함평열린가정상담센터	061-324-1366
- 광주	
송광한가족상담센터	062-452-1366
광주YWCA가정상담센터	062-672-1355
광주장애인가정상담소	062-654-0420
광주여성의전화부설 광주여성인권상담소	062-363-7739
- 경상북도	
경산가정폭력상담소	053-814-9191
경주가정폭력상담소	053-749-1366
상주가정문제상담소	054-541-6116
안동가정법률상담소부설가정폭력상담소	054-856-4200
영주소백가정상담센터	054-638-1366
포항YWCA가정폭력상담소	054-277-5418
(사)포항여성회부설경북여성통합상담소	054-284-0404
포항로뎀나무가정문제상담소	054-262-3554
포항생명의전화부설가정폭력상담소	054-242-0015

기관명	연락처
– 경상남도	
(사)거제가정상담센터	055–633–7636
고성가족상담소	055–673–2911
(사)김해여성회부설 가정폭력 상담소	055–326–6253
양산가족상담센터	055–362–1366
진주가정폭력상담소	055–746–7988
마산가정상담센터	055–296–9126
진해가정상담센터	055–551–2332
– 대구	
대구여성장애인통합상담소	053–637–6057, 6058
영남가정폭력상담소	053–953–2866
대구이주여성상담소	053–944–2977
대구여성폭력통합상담소	053–745–4501
– 강원도	
사)강릉여성의전화 부설 해솔 상담소	033–643–1982, 5
강릉가정폭력성폭력상담소	033–652–9556, 9930
속초YWCA가정폭력상담소	033–635–3520
원주가정폭력성폭력상담소	033–765–1366
철원가정폭력상담소	033–452–1566
춘천가정폭력성폭력상담소	033–257–4687
태백가정폭력상담소	033–554–4005
홍천가족상담소	033–433–1367
행복만들기상담소	033–344–1366
– 울산	
생명의전화울산지부부설가정 · 성폭력통합상담소	052–265–5570
동구가정성폭력통합상담소	052–252–6778
(사)울산여성회부설북구가정 폭력상담소	052–287–1364
– 부산	
희망의전화 가정폭력상담소	051–623–1488, 1399

기관명	연락처
(사)부산가정법률상담소 부설 가정폭력관련상담소	051–469–2987
부산성폭력.가정폭력상담소	051–558–8833~4
(사)부산여성의전화성 · 가정 폭력상담센터	051–817–4344
여권문화인권센터 가정폭력 상담소	051–363–3838
사하가정폭력상담소	051–205–8296
중부산가정폭력상담소	051–462–7177
〈성매매피해상담소〉 – 서울	
여성인권상담소 소냐의 집	02–474–0746
성매매피해상담소 이룸	02–953–6280
에이레네 상담소	02–3394–7936
다시함께상담센터	02–814–3660
여성인권센터 보다	02–982–0923
십대여성인권센터	02–6348–1318
– 경기도	
성매매피해상담소 위드어스	031–747–0117
어깨동무	031–222–0122
두레방	031–841–2609
여성인권센터 쉬고	031–948–8030 031–957–6117
– 충청북도	
충북여성인권상담소 늘봄	043–255–8297 043–257–8297
– 충청남도	
충남여성인권상담센터	041–575–1366
– 대전	
여성인권지원상담소 느티나무	042–223–3534
– 전라북도	
현장상담센터	063–232–8297
– 전라남도	
목포여성인권지원센터	061–276–8297
순천여성인권지원센터	061–753–3644, 3654

기관명	연락처
여수여성인권지원센터 새날지기	061-662-8297
- 광주	
성매매피해상담소 언니네	062-232-8297
- 경상북도	
경북성매매상담센터 새날	054-231-1402
- 경상남도	
경남여성인권지원센터	055-246-8298
여성인권상담소	055-273-2261
- 대구	
힘내	053-422-4898 053-425-4898
민들레	053-430-6011
- 강원도	
춘천길잡이의 집	033-242-8296
- 울산	
울산성매매피해상담소	052-249-8297
- 부산	
여성인권지원센터 살림	051-257-8297
부산여성지원센터 꿈아리	051-816-1366 051-817-8297
- 제주	
제주현장상담센터 해냄	064-751-8297

현장에서의 위기개입의 실제

1. 범죄피해자 위기영역

범죄피해 위기 개입 사례 영상

○○ 씨는 30대 초반의 작은 회사 사무직원이며 초등학교에 들어가기 전 아버지를 여의고 어머니(50대 중반)와 함께 살아왔으며 다른 형제는 없다. 어머니가 몇 년 전 재혼을 하면서 집을 떠나, ○○ 씨는 어머니랑 살았던 집에서 혼자 살고 있었고 주 1회 정도 어머니가 찾아와 함께 식사도 해 왔다. 그러던 어느 날, 어머니가 노상강도에게 핸드백을 빼앗기지 않으려고 저항하다가 피살되었다는 소식을 경찰을 통해 듣게 되었다. 어머니가 이미 재혼을 하였으므로 법적인 권리는 어머니의 남편에게 있었으나 ○○ 씨의 어려운 처지를 알게 된 경찰이 어떻게 하든 ○○ 씨를 돕고자 상담을 의뢰해 왔다.

※ SAFER-R MODEL 개입

안정화 단계(stabilize)

- 위기개입자: 안녕하세요, 저는 ○○ 위기상담센터의 위기 상담사 ○○입니다. 경찰을 통해 ○○ 씨가 아주 힘든 일을 겪었다고 전해 들었습니다. 갑작스레 어머니가 황당한 일로 돌아가셔서 얼마나 힘드십니까?
- 범죄피해자: (기어들어가는 소리로, 고개를 숙인 채) 안녕하세요.
- 위기개입자: 장례는 어떻게 치르셨어요?

– 범죄피해자: (우물쭈물하며) 그럭저럭요. 친척들이 도와주시고, 저는 그냥….

– 위기개입자: 장례는 친척들이 오셔서 치러주셨고, ○○ 씨는 경황이 없었군요.

– 범죄피해자: 네, 그런 것 같아요.

– 위기개입자: 얼마나 경황이 없으셨겠어요. 상상도 할 수 없는 일로 어머니를 여의셨으니…. 지금은 정말 경황이 없으시겠으나 저는 ○○ 씨가 이번 사건으로 너무 힘들어서 일상생활에 어려움을 겪지나 않을지 걱정이 되어 돕고자 하는 사람입니다. 경찰의 의뢰로 나오게 되었지만, 조사나 수사를 하는 사람은 아닙니다. ○○ 씨가 심리적 충격에서 벗어나고 일상생활을 잘 적응하며 살 수 있도록 도울 방법은 없는지 함께 찾아보려고 합니다. 저랑 이야기하는 것이 괜찮으시겠어요? 좀 더 편안하게 앉으시겠어요?

– 범죄피해자: 네….

– 위기개입자: 저는 전문 위기상담사로 저와 ○○ 씨가 하는 모든 이야기의 비밀을 보장합니다. 그러나 혹시 ○○ 씨가 너무 힘들어서 자살하려고 하거나 다른 사람을 해하고자 하는 경우엔 ○○ 씨를 보호하기 위해서라도 비밀을 보장할 수 없습니다. ○○ 씨가 지금 얼마나 힘든지, 어떤 어려움을 겪고 있는지 함께 이야기해 보십시다. 어떻습니까, 해보시겠습니까? 이야기하던 도중이라도 불편한 마음이 들면 언제든지 불편하다고 이야기하세요.

– 범죄피해자: 네….

위기인정 단계(acknowledge the crisis)

– 위기개입자: 어머니의 사건의 개략은 경찰을 통해 들었습니다만, 어머니의 갑작스런 죽음으로 ○○ 씨가 받은 충격을 이야기해 주실 수 있으실까요? 이야기하실 수 있는 만큼만 말씀해 주셔요.

– 범죄피해자: 그게…. 갑자기 경찰에서 엄마가 돌아가셨다고…. 와서

확인하라고 하셨는데, 무슨 이야기인지 몰라서 경찰에 여러 번 물었었어요. 그게 무슨 말이냐 우리 엄마가 어떻게 되셨다는 이야기냐, 우리 엄마는 병에 걸린 사람도 아닌데….후…. 어떻게 병원까지 갔는지 기억도 안 나요.

– 위기개입자: 정말 안 믿기셨을 것 같아요. 워낙 날벼락 같은 이야기라서…. 병원에는 누구랑 가셨었어요?

– 범죄피해자: 저 혼자서요. 친척들하고 왕래도 거의 없었고, 워낙 말도 안 되는 이야기라 어떻게 해야 할지 몰라서요….

– 위기개입자: 그러셨군요. 지금은 누구랑 같이 계신가요?

– 범죄피해자: 저 혼자 있어요. 엄마랑 같이 살다 엄마는 재혼하셨기 때문에요.

– 위기개입자: 아, 다른 형제는 없이 엄마랑 둘이서만 살다, 이제는 혼자시군요. 지금 ○○ 씨에게 제일 힘든 점은 무엇이지요?

– 범죄피해자: 잘 모르겠어요. 워낙 말도 안 되는 일을 당해서 잘 믿기지도 않고….

– 위기개입자: 사건 이후 충격으로 몸이 아프거나, 밤잠을 못 자거나 하시지는 않으신가요?

– 범죄피해자: 어디 아픈 데는 없는데…. 잠도 잘 안 오고…. 어찌 살아야 하나 걱정도 되고….

– 위기개입자: 잠도 잘 못자고 걱정도 많고 그러시군요. 그러면 식사는 어떻게 하고 계시나요? 혹시 식사도 제대로 못하고 계시는 건 아닌지 걱정됩니다.

– 범죄피해자: 식사는 워낙 혼자 먹는 것이 익숙해서 그럭저럭 끼니를 거르지는 않아요. 라면도 먹고….

– 위기개입자: 아픈 데도 없고 식사를 거르지 않으신다니 다행이에요. 충격으로 식사를 못 하는 분도 계시거든요. 잠을 못 잘 때는 어떻게 하시나요?

– 범죄피해자: 평상시에도 잠을 잘 자는 편은 아니었는데…. 그냥 이것

저것 하며 뒤척이다 보면 잠이 들긴 해요…. 나아지겠죠….

– 위기개입자: 어머니의 갑작스런 사망이라는 황당한 경험을 하셨으니 평상시 리듬이 깨지는 것은 당연하지요. 수면의 질이 떨어지면, 사무실 출근해서 일하는 것이 힘들어지겠어요.

– 범죄피해자: 네….

– 위기개입자: 그 밖에 사건에 대한 충격으로 사람들 만나기를 회피하거나, 사소한 자극에도 깜짝깜짝 놀라지는 않으시는지요?

– 범죄피해자: 원래 사람들 만나기를 좋아하지 않은데다 아는 사람들이 엄마 이야기를 꺼낼까 봐 못 만나겠어요.

이해촉진하기 단계(facilitate understanding)

– 위기개입자: 정말로 힘드시겠어요. 지금 ○○ 씨가 겪고 있는 일들, 사람 만나기 꺼려지고, 잠이 안 오고, 현실이 안 믿기고 하는 것들은 갑작스런 상황을 맞은 사람들이 보이는 지극히 정상적인 반응입니다. 그런 끔찍한 일을 겪었는데 어떻게 변화가 없겠어요? 시간이 지나면 그런 증상들은 대부분 사라질 겁니다. 어떤 사람은 회복에 오랜 시간이 걸리기도 하지만요. ○○ 씨가 그런 증상들에서 빨리 회복될 수 있도록 제가 도움이 되어 드리겠습니다.

효과적인 대처권장하기 단계(encourage effective coping)

– 범죄피해자: 현실이 받아들여질까요?

– 위기개입자: 이미 돌아가신 어머니를 되살릴 수는 없지만, ○○ 씨가 불면증에서 벗어나거나 사람들 만나는 것을 피하거나 하는 것들, 자꾸 생각나는 것들은 줄어들게 될 겁니다. 이번 일은 너무 충격적이고 황당한 일이지만 혹시 이전에도 커다랗게 충격을 받은 적은 있으신지요?

– 범죄피해자: 이런 것 같은 충격적인 일은 없었어요. 아버지가 유치원

때 돌아가셨는데, 그때는 어려서….

– 위기개입자: 아버지가 돌아가신 것이 큰일이었기는 했지만 어려서 잘 모르겠다는 것이군요….

– 범죄피해자: 네, 그냥 아버지 없는 것에 마음을 안 두려고 애썼어요. 굳이 말하지도 않았고요. 그래서 저는 사람들 만나는 것 별로 안 좋아해요. 좋은 말할 게 없어서요.

– 위기개입자: 사람들 앞에서 싫은 이야기를 하느니 차라리 그런 자리를 피해서 상처를 안 받게 되었군요. 그 밖에 어떨 때 ○○ 씨는 가장 마음이 편안해지시나요? 감정이 복받쳐 오를 때는 어떻게 해소하시나요?

– 범죄피해자: 그 밖에는 별로 방법이 없어요.

– 위기개입자: 사람이란 마음이 힘들어도 몸이 아파진답니다. 저는 ○○ 씨가 편안해지고 평화롭게 살아갈 수 있었으면 좋겠어요. 어머니는 안 계시지만 ○○ 씨는 계속 잘 살아가야 하니까요. 저랑 같이 호흡법을 연습해보면 어떨까요? 흥분되고 긴장된 감정을 다스리고 안정화시키는 데 도움이 되거든요. 저를 따라서 익혀보시면 집에서나 어디서든 혼자서 할 수 있거든요(7초 호흡법 함께 하고 피해자가 혼자서 하도록 지켜보고 수정해준다). 그리고 주변에 ○○ 씨에게 도움이 될 만한 사람이 있을까요?

– 범죄피해자: 친척들은 친하지 않아요. 친구가 몇 명 있지만요.

– 위기개입자: 이번 사건에 대해 친구들도 알아요?

– 범죄피해자: 한두 명은요.

– 위기개입자: 형편을 아는 친구가 있다니 다행이네요. 외롭고 힘들 때는 친구들에게 와 달라고 하고 먼저 연락해보세요. ○○ 씨가 지금 많이 힘드시겠지만, 건강도 꼭 챙기시고, 식사는 거르지 않아야 합니다. 배고픔은 기분을 더 저하시키고 우울하게 만들기 때문이지요. 저녁에 잘 주무실 수 있도록 자기 전에 따뜻한 물에 발을 담그는 것도 좋은 방법입니다. 회사엔 잘 나가시나요?

– 범죄피해자: 결근하진 않아요.

– 위기개입자: 힘들더라도 ◯◯ 씨가 원래 해오던 일을 계속하는 것이 회복에 도움이 됩니다. 당분간은 이사나 이직 같은 중요한 결정은 하지 않는 것이 좋아요. 그런데, 혼자 있기가 어려울 때나 몹시 우울할 때는 주변 사람들의 도움을 받아도 됩니다. 혹시 같이 지낼 수 있는 친구가 있으신지요? 그 친구랑 얼마나 자주 연락하시나요? 어떻게 말씀을 하실 건가요?

– 범죄피해자: 친구들이 전화해 오면 나가지만, 먼저 전화하는 편은 아닌데….

– 위기개입자: 먼저 전화하는 편은 아니셨군요…. 하지만 이번엔 먼저 전화해 보시겠어요? ◯◯ 씨가 생각하기보다 더 친구들도 ◯◯ 씨를 돕고 싶으면서도 눈치만 보고 있을지도 몰라요. 어때요, 많이 힘드실까요? 그리고 ◯◯ 씨가 원하신다면, 더 전문적인 심리지원 서비스를 제공하는 피해자지원협회나 피해자지원센터, 상담센터, 병원 등을 연결해 드릴 수 있습니다. 어떠신가요?

– 범죄피해자: 친구들에게 먼저 전화를 해볼게요. 고맙습니다.

회복/의뢰 단계(recovery / referral)

– 위기개입자: 네. ◯◯ 씨가 용기를 내어 전화를 먼저 걸겠다니 다행입니다. 오늘 저랑 이야기를 나누니 좀 어떠셨나요?

– 범죄피해자: 처음엔 낯선 사람에게 이야기하기가 좀 그랬는데, 마음이 좀 나아졌어요. 어디다 말도 못하고 많이 힘들었거든요. 고맙습니다.

– 위기개입자: 힘든 상황을 이야기해주고, 호흡법도 잘 따라해 주셔서 고맙습니다. 한동안 힘들겠지만 잘 극복하시고, 추가적인 도움이 필요하면 연락하세요. 의학적 도움이 필요하다든지 상담이 필요하면 연결해 드릴게요. 그리고 법률적 도움을 드릴 곳도 연결해 보겠습니다. 말씀하시느라 수고하셨어요.

2. 성폭력 위기영역

데이트 폭력 위기 개입 사례 영상

○○는 사귀던 남자 친구에게 헤어지자고 한 이후 고통스러운 날을 보내고 있다. 만나주지 않으면 죽어버리겠다고 격분하던 남자 친구의 협박에 마지막으로 만난 날, 남자 친구는 ○○를 자신의 집에 감금하고 강간했다. 평소에도 남자 친구는 자신의 마음에 들지 않으면 때와 장소를 불문하고 구타를 했고 이후엔 성관계를 원했다. 그럴 때마다 ○○는 전혀 존중받는 느낌을 받지 못하고 그 상황에 아무것도 할 수 없는 자신이 수치스러웠다. 같이 지내며 남자 친구를 일단 안심시킨 ○○는 자신의 집으로 돌아올 수 있었고 남자 친구의 연락을 피하고 있다.

그런데 남자 친구는 다시 만나주지 않으면 둘의 성관계 동영상을 온라인에 유포하겠다고 협박하며 ○○의 알몸사진을 보내왔다. 성관계 모습을 간직하고 싶다는 남자 친구의 의견에 동의한 것은 서로 사랑하기 때문인데 지금에 와서는 너무 후회된다. 당장 헤어지고 싶지만 동영상이나 사진이 유포될까 봐 두렵다. 만약 그렇게 된다면 얼굴을 들고 다닐 수 없을 것 같고 어떻게 해야 할지 혼란스럽다. 신고해서 일을 크게 만들고 싶지는 않지만 도움이 절실하다.

※ SAFER-R MODEL 개입

안정화 단계(stabilize)

- 위기개입자: 안녕하세요, 저는 △△위기개입 팀의 △△라고 합니다. 긴장되시는 것 같은데 차 한 잔 드시겠어요? (네, 고맙습니다) 지금 겪고 있는 어려움에 대해 말씀하실 수 있으신가요?

– 성폭력피해자: 남자 친구에게 협박을 당하고 있어요. 뭘 어떻게 해야 할지 몰라서 찾아오게 됐는데 지금 너무 혼란스러워요.
– 위기개입자: 네, 그러면 ◯◯ 님의 어려움이 어떤 것인지 어떤 도움이 필요하신지 이야기를 나눌까 하는데 괜찮으시겠어요? (네) 네, 많은 시간 고민하셨을 텐데 이렇게 용기 내 주셔서 감사합니다. 천천히 편안하게 말씀하시면 되고, 저는 ◯◯ 님이 이 상황에서 벗어날 수 있도록 돕기 위해 노력할 것입니다. 그 과정은 10분에서 15분가량 진행될 것이고 오늘 우리가 나누는 이야기에 대해서는 비밀이 보장됩니다. 그러나 ◯◯ 님이 자신이나 다른 사람을 해칠 가능성이 있거나 법적인 문제와 관련된 일이 있다면 그 부분은 비밀보장을 해드릴 수 없습니다.
– 성폭력피해자: (다소 긴장되고 불안해함) 네.
– 위기개입자: (내담자를 살펴보며) 지금 좀 긴장하신 것 같은데 심호흡을 해 보시겠어요. 차를 더 드릴 수 있는데 어떠세요?
– 성폭력피해자: 네 (심호흡), 감사합니다. 물을 좀 주시겠어요?

위기인정 단계(acknowledge the crisis)

– 위기개입자: (물을 권하며) 남자 친구에게 협박을 당하고 있어서 힘들다고 하셨는데 어떤 일인지 말씀해 주시겠어요?
– 성폭력피해자: 1년 정도 사귄 남자 친구가 있었는데 얼마 전에 그 집에 감금되다시피 갇혀 있었어요. 간신히 집으로 돌아와서 지금은 연락을 피하고 있는데 너무 무서워요. 남자 친구가 찾아올까 봐 겁나고 더 두려운 건 성관계 동영상을 유포하겠다고 협박받고 있는 거예요.
– 위기개입자: 네, 힘든 일을 당하셨는데 어려운 결정 해주셨네요, 편안한 마음으로 원하시는 만큼 이야기해 주시면 됩니다.
– 성폭력피해자: 네.
– 위기개입자: 괜찮으시면 그 일에 대해 조금 더 이야기를 듣고 싶은데, 그 사건이 언제 일어났는지 말씀해 주시겠어요?

– 성폭력피해자: 일주일 전에 집으로 돌아왔고 남자 친구 집에는 3일정도 있었어요.

– 위기개입자: 어떻게 남자 친구 집에 가게 됐는지, 어떤 일이 있었는지 이야기할 수 있을까요?

– 성폭력피해자: 남자 친구와 사귄 지는 1년 정도 됐는데 제가 그만 만나고 싶으니 헤어지자고 이야기한 게 문제였어요. 헤어질 수 없다고 하는데 제가 만나주지 않았거든요. 마지막으로 할 말 있다고 애원하는 바람에 만났는데 그 날 남자 친구 집에 끌려가다시피 했어요. 지금 생각해도 끔찍해요. 거기 있는 동안 구타와 강간이 있었어요.

– 위기개입자: 힘든 시간을 보내셨네요. 남자 친구에게 맞기도 하고 강압적인 성관계가 있었다고 하는데 병원진료는 받으셨는지 혹은 지금 진료나 치료가 필요한 상태이신가요?

– 성폭력피해자: 아니요, 너무 무섭고 어떻게 해야 할지 몰라서 그냥 집에만 있었어요. 요즘에도 계속 연락이 오고 동영상을 유포하겠다고 협박하는데 신고해야 하는지, 그런데 신고해서 주변에 알려지는 것은 더 싫어요. 제 알몸 사진을 보내면서 안 만나주면 동영상을 유포하겠다고 해요. 무섭고 불안하고 혼란스럽기만 해요.

– 위기개입자: 말씀 들어보니 지금 이러지도 못하고 저러지도 못하는 상황이라 더 힘드시겠어요. 남자 친구나 이 상황이 무섭고 동영상이나 사진이 유포될까봐 걱정된다고 하셨는데, ○○ 님이 할 수 있는 게 아무것도 없다고 느끼고. (네) 이런 것들에서 벗어나기 위해 죽고 싶다는 생각을 하신적은 있으세요?

– 성폭력피해자: 정말 어떻게 해야 할지 몰라서 죽고 싶다는 생각은 했어요. 내가 바보 같아서 이런 일이 벌어지고 있는 것 같고, 왜 그런 동영상이나 사진을 남겼는지 후회되고…. 그때는 남자 친구를 사랑했고 괜찮다고 생각했거든요. 그래서 거절하기 어려웠어요. 정말 제가 너무 바보 같고 부끄러워요.

– 위기개입자: 네, 많이 혼란스러우실 것 같아요. 죽고 싶다는 생각이 들

때 구체적으로 계획을 세우신 적은 있으세요?

– 성폭력피해자: 아니요, 그렇지는 않아요.

– 위기개입자: 네, ◯◯ 님은 지금 동영상을 남긴 일이라든지 성폭행을 당한 일이 자신의 잘못처럼 느껴지고 아무에게도 말하지 못할 만큼 부끄러운 일이라고 생각하시네요. 그런가요? (한숨 쉬며, 네) 지금 굉장히 괴로워하고 계시는데 잠시 쉬었다가 말씀하시겠어요?

– 성폭력피해자: 아니, 괜찮아요. 빨리 이런 상황이 해결됐으면 좋겠어요.

이해촉진하기 단계(facilitate understanding)

– 위기개입자: 성폭력 피해를 입은 많은 분들이 ◯◯ 님과 유사한 경험을 하게 된다고 해요. 그런 경우 수치심이나 자책 그리고 무기력감 같은 것을 느낀다고 하고요. ◯◯ 님이 지금 경험하는 증상들과 괴로움은 정상적인 것으로 생각됩니다. 그렇지만 어떤 경우에든 성폭력을 허락했다는 것은 아니니 자책하지 않으셨으면 좋겠습니다. ◯◯ 님은 지금 남자 친구를 만나는 것도 두렵고 동영상이나 사진이 다른 사람들에게 알려질까 봐 걱정이시군요. 그 외 다른 것이 있을까요?

– 성폭력피해자: 앞으로 남자를 만난다는 일이 쉽지 않을 것 같지만, 지금은 선생님이 말씀하신 그 부분이 가장 걱정되죠.

효과적인 대처권장하기 단계(encourage effective coping)

– 위기개입자: 아 네 그러시군요. 이전에도 비슷한 피해가 있으셨는지, 그랬다면 피해사실에 대해 지금 알리게 된 특별한 이유가 있으신가요?

– 성폭력피해자: 이번 사건이 있기 전에도 남자 친구는 화가 나면 저를 때리고, 화해하자며 강제로 성관계를 원했어요. 존중받지 못하고 있고 옳은 일이 아니라고 느꼈지만 사랑해서 그런 거라고 생각했죠. 그렇지

만 이번 일을 겪으면서 제 자신이 너무 무기력하게 느껴지고 그 사람에게 죽을 수도 있을 것 같다는 공포가 생겨서요. 무엇보다 주변에 알려 질까봐 두렵고 그래서 도움을 받아야겠다고 결심했어요.

– 위기개입자: 네, 그런 결심을 하기 까지 많은 고민을 하셨을 텐데 이 결정이 문제를 해결하기 위한 첫 걸음이라고 생각됩니다. 지금 ◯◯ 님의 고통을 좀 가라앉히기 위해 어떤 것이 가능하시겠어요? 일상생활에 문제는 없으신가요?

– 성폭력피해자: 글쎄요, 잘 모르겠어요. 꼭 필요한 경우를 빼고는 잘 안 나오는데 오늘은 친구에게 부탁해서 같이 왔어요. 남자 친구와 관계가 정리됐으면 좋겠는데, 신고를 하게 되면 일이 커지겠죠? 보복할까 봐 무섭기도 하고 신고한다고 해결이 될까 싶기도 하고 그래요.

– 위기개입자: 남자 친구를 신고하기 어려운 것은 보복이 두렵고 처벌을 받게 될지 확신할 수 없기 때문이라고 하시는 것 같은데 그런가요? (네) 네 그러시면, ◯◯ 님이 좀 더 구체적인 도움을 받기 위해서 그동안 남자 친구와 주고받은 문자나 sns, 사진 등을 기록으로 남기시는 것도 방법입니다. 이후의 연락에 대해서는 직접적인 접촉은 피하시고요. 지금은 힘드시겠지만 다른 대안에 대해 생각해 보는 것도 좋을 것 같아요. 힘든 상황에서 오늘처럼 친구에게 도움을 요청하신 건 참 잘하신 일이고요.

– 성폭력피해자: 네 노력해 볼게요. 성폭행 증거를 남기는 방법 같은 건 인터넷으로 검색해 봐서 알고 있어요.

– 위기개입자: 네 그런 노력도 중요하죠, 잘하셨어요. 신고하게 되는 경우 중요한 증거로 사용될 수 있을 거예요. 여러 가지 힘들고 고통스러운 상황에서도 이렇게 이야기하고 용기 내 주셔서 감사합니다. ◯◯ 님이 혼자 감당하기에는 힘든 부분이 있을 것 같은데 ◯◯ 씨를 이해하고 도울 수 있는 사람이 있을까요?

– 성폭력피해자: 오늘 같이 온 친구는 그 사람에 대해 알고 있고 제가 힘든 부분도 다는 아니지만 알고…. 이번 사건에 대해서도 같이 고민해

주더라고요.

회복/의뢰 단계(recovery / referral)

– 위기개입자: 네, 믿고 의지할 수 있는 친구가 있어서 다행이네요. 지금 어려움이 금방 해결되지는 않더라도 힘내시고 원하시는 결과를 얻으셨으면 좋겠어요. 궁금하시거나 더 하고 싶 은 이야기가 있으신가요?

– 성폭력피해자: 아니요, 감사합니다.

– 위기개입자: 짧은 시간이지만 저와 이야기 나눈 지금은 좀 어떠신가요?

– 성폭력피해자: 좀 편해진 거 같고, 아무에게도 이야기할 수 없을 거라고 생각했는데 편견 없이 들어주셔서 감사했습니다.

– 위기개입자: ○○ 님에게 좀 더 전문적이고 지속적인 도움이 필요하고, 요청하시면 관련기관에 의뢰해 도움 받으실 수 있도록 하겠습니다.

저자 소개

육성필
고려대학교에서 심리학 석사를 마치고 서울대학교 정신과에서 임상심리학 레지던트과정을 수료하고 고려대학교에서 임상심리학 박사를 받았다. 로체스터대학교의 자살예방연구소에서 박사후 과정을 하였다. 현재 용문상담심리대학원대학교 위기관리전공 교수로 재직 중이다.

박지란
용문상담심리대학원대학교에서 위기관리전공 석사졸업, 위기관리전공 박사과정을 수료하였다. 현재 굿씨상담센터 대표, 한국피해자지원협회 서울북부지부장으로 재직 중이다.

위기관리총서 시리즈 4 –현장에서의 위기개입워크북
범죄피해의 이해와 개입

초판발행 2019년 2월 25일

엮은이 육성필 · 박지란
펴낸이 노 현

편 집 김명희 · 강민정
기획/마케팅 노 현
표지디자인 조아라
제 작 우인도 · 고철민

펴낸곳 ㈜ 피와이메이트
서울특별시 금천구 가산디지털2로 53 한라시그마밸리 210호(가산동)
등록 2014. 2. 12. 제2018-000080호
전 화 02)733-6771
f a x 02)736-4818
e-mail pys@pybook.co.kr
homepage www.pybook.co.kr
ISBN 979-11-89643-19-5 94370
979-11-89643-18-8 (세트)

정 가 10,000원